新版
カウンセリング心理学

カウンセラーの専門性と責任性

渡辺三枝子［著］
Watanabe Mieko

ナカニシヤ出版

新版刊行にあたって

　『カウンセリング心理学』を上梓したは20世紀末の1996年であり，すでに5年を経過してしまった。「世紀」というものは人為的なものなのだから，世紀が変わったからといって人や社会が質的に変化するというわけではないのに，歴史を振り返ると，その世紀の変わり目は大きな意味をもつ大小の出来事が起きているから不思議である。カウンセリング心理学の世界も同様である。この分野は20世紀の幕開けとともに生まれ，育てられ，独立し，発展した。そして，21世紀にはいって存在意義が再認識される社会環境に遭遇し，あらためてその専門性が問い直される事態に直面させられている。

　過去5年間に，日本において，「カウンセリング」をめぐる社会的状況は大きく変化した。たとえば，スクールカウンセラーへの関心が一段と高まり，全国の大学はスクールカウンセラーの予備軍となる臨床心理士の養成に総力をあげだした。また，経済状況の長期的低迷と雇用環境の変化の影響を受けて，キャリアカウンセラーという職業がにわかに脚光を浴びだし，その養成・資格認定が社会の注目をあつめ，ビジネスになっていることである。

　スクールカウンセラーの場合もキャリアカウンセラーの場合もともに，カウンセラーの機能が教育場面や社会のなかで認識されだしたことと，カウンセラーになりたい人が増加したこととの両面があることを区別して捉える必要があると思われるが，いずれにしてもカウンセリングとかカウンセラーへの注目度が増したことは事実である。その意味では，本書のように「カウンセリングの独自性」を理解していただくための書物はもはやその役割を終えたのではないかと思ったので，著者としては，ナカニシヤ出版の編集長様をはじ

め,率直な意見を言ってくれる親しい研究仲間や,カウンセラー志望の大学院生たちに相談した。その結果,注目を浴びている割には,カウンセリングの独自性は十分に理解されていないし,むしろそのことが原因となって,消費者(クライエントや社会一般)を混乱に巻き込む問題が起きているという注意を受けた。一部のキャリアカウンセラーブームに象徴されるように,カウンセラーの独自性とは程遠い活動にカウンセリングという用語が用いられていること,カウンセリングとコンサルテーション,あるいはメンタリングなどとの混同などはその一例であると。

　生意気かもしれないが,カウンセリング心理学を専門とする者として,このような混乱から目をそむけることはできないと思った。前著『カウンセリング心理学』自身決して十分なものではなかったが,それを出版することによって,カウンセラーの存在意義について真剣に議論できる仲間も増えたし,示唆に富む批判や教示もいただくことができた。また著者自身,新たな経験もしたし,日本国内はもとより,他の国のカウンセラーたちとの直接対話,電子メール,あるいは書物を通して新たな知見を得ることもできた。それらに基づいて新たに稿を起こすこととした。

　これを準備している間にもわれわれの生きる環境は変化し続け,予期せぬ大惨事の続発などを体験した。そのためか,社会はどうも生きにくい時代に向かって動いているように思えなくもない。しかし,「未来という時間と場は,まだ来ていないのだから,われわれの対応次第で変わりうる部分も大きい」という希望をもって,現状から学び取っていきたいという姿勢で,本書を出すこととした。

2002年初春

序

「カウンセリング」とか「カウンセラー」という言葉が日本に紹介されたのは昭和20年代(1945年の戦後の時代)である。それは、アメリカ心理学会において、「カウンセリング心理学」という言葉が始めて登場し、その部会の一つであった「カウンセリングとガイダンス部会」が「カウンセリング心理学部会」と改称された時期とほぼ同じである。こうしてみると、日本におけるカウンセリングの歴史は世界のなかでも長いほうに属するといってよいであろう。しかし、誕生から現在にいたるまでのアメリカと日本のカウンセリング界の状況は非常に異なる。

この間、カウンセリングを生んだアメリカでは、新しい理論や技法が次々と開発され、多方面からの調査研究も行われ、さらに、カウンセリングの専門家の教育プログラムにも多くの努力が払われ、その結果として常に、他の国々のカウンセリング界に新風を送り、リーダー的役割を果たしてきたといってよいであろう。しかし、このような発展の裏には、そのアイデンティティの確立に絶えず苦悶し、葛藤してきたカウンセリング心理学会の歴史があることを忘れてはならないと思う。アメリカのカウンセリング心理学の関係者は、その誕生の時から絶えず、「他の専門職との違いは何か」を社会から問われ、「自分たちの独自性は何か」を自問することをやめていたならば存在が危うくなるという厳しい環境におかれていたといってもよいであろう。つまり、過去50年間、このような状況のなかで、アイデンティティを確立し、社会にその存在意義を認めさせるために、カウンセリング心理学者たちは議論を戦わせ、理論やアプローチの違いを越えて、協力して研究を重ねてきた結果が、アメリカのカウ

ンセリング心理学を世界のリーダーたらしめたのではないかと思われるのである。

　では，日本のカウンセリング界はこの50年間どのような変化を経験したのだろうか。カウンセリングに関する書物も数多く出版され，さまざまの機関で企画されるカウンセラー教育のための研修会も増加の一途をたどってきている。カウンセリングを勉強する人々が増加すればするほど，他の国と同様それを職業とする人々も増加してきた。さらに，職業資格の取得に人々の関心があつまるにつれ，カウンセラーの資格認定も注目されだした。

　カウンセラーの養成や資格を問題にするとき避けて通れないことは，「一体カウンセリングとは何か」「他の類似の行為との相違点は何か」，そして「カウンセラーとは誰なのか，なにをする人なのか」という問いに回答することである。これは，アメリカで問題となっていたカウンセラーのアイデンティティの問題と同じである。

　しかし日本の特徴は，カウンセリング関係の学会や協会がカウンセリングの理論的基盤としてのカウンセリング心理学やカウンセラーのアイデンティティの確立に努力を払うよりも，社会の要請に応えるべく，それぞれの立場でそれぞれの資格認定を行うことを優先したことにあると思われる。その結果，よく知られているものだけでも，臨床心理士，カウンセラー，キャリア・カウンセラー，産業カウンセラーの資格などが次々に生まれた。しかし，それぞれの独自性や特徴はあまり明確になっていないように思われる。

　それぞれの資格を社会に認知してもらい，その効力を発揮するためには，それぞれの資格の独自性，さらに，類似の活動をしてきた他の専門職との相違を明確にすることが必要となったのである。もはや，カウンセラーたちは自分たちの間だけで通じる言葉で話していればよい時代は終わったのである。他の専門家や一般社会の人々に通じる言葉で自分の存在の独自性と意義を説明できなければなら

ない，という状況に来ている。

　平成6年（1994）に日本カウンセリング学会は始めて，「カウンセラーの役割とサイコセラピストの役割」という公開シンポジウムを開催し，カウンセリングとカウンセラーのアイデンティティの確立のために専門家団体としての義務の遂行の第一歩を踏み出した。そのシンポジウムが予想をはるかに越える千人近くの参加者を得たことは，いかに多くの人々が，カウンセラーとしてあるいはサイコセラピストとしての確固としたアイデンティティをもつことに関心をもっていたかの現れであると思う。50年近く放置されていた問題であるから，一回のシンポジウムで整理されることは期待すべきでもない。しかし，それ以来，専門家の間では自分の立場を明確にしてから「カウンセリング」という語を用いる人が増えてきた。学会として統一した定義が採択されていない限り，自分の用いる定義や立場を明らかにすることは専門家の義務であろう。

　わたしは，カウンセリング心理学を専門とする者として，カウンセリング心理学が万能だとは決して思わない。しかし他の専門領域とは異なる特徴をもっているし，したがって，人々や社会に対して独自な貢献の仕方ができると確信している。また，人間一人ひとりの福祉に関与しようとするとき，個人の発達や多様性および社会の変化の複雑さを考えれば，専門分野の協働は不可欠であると思う。福祉や援助活動に関心をもつ方々が増えている現在，特定の理論に基づくカウンセリング理論とかカウンセラー像について知見を深める前に，「自分はカウンセリング心理学に進むべきか，臨床心理学あるいは社会福祉学に進むべきか」を考えることが必要であると思われる。そのために，カウンセリング心理学とはどのような心理学であるのか，そして，その実践者であるカウンセラーとは他の専門家とどのように異なるのかについて真正面から取り組んでみることは意味があると思われる。

本書は，特定の理論やアプローチ，技法の紹介ではなく，日本のカウンセリング界に影響を与え続けたアメリカの関係学会の潮流の下に，わが国の現状を考慮して，カウンセリング心理学の独自性およびカウンセラーの専門的特性を解説することを目的とした。

　カウンセリングやカウンセラーに関心を寄せていらっしゃる方々が，本書を通してその存在意義について理解を深められ，さらに，日本におけるカウンセラーのアイデンティティの確立の一助となることができれば幸いである。

目　　次

新版刊行にあたって　　*i*
序　　*iii*

第1章　カウンセラーとカウンセリング……………………… 1
1　カウンセリングをめぐるさまざまな反応　　1
2　カウンセリングとは　　7
3　カウンセリング心理学とは　　12
4　カウンセラーとは　　14
5　カウンセリングと「相談」の関係　　18
6　カウンセリング・マインドとは　　21

第2章　カウンセリング心理学の発達史……………………… 23
1　発達の歴史をひもとく意味　　24
2　カウンセリング誕生の背景：産業革命の影響　　26
3　カウンセリング心理学の誕生と発達史　　31
4　カウンセリング心理学誕生から現在まで　　38
5　発達を促した要因　　51

第3章　カウンセリング心理学の独自性………………………… 59
1　背景にある理念　　60
2　隣接領域との関係　　64

第4章 多様化するカウンセラーの機能と働き方 ………… 77
1 カウンセラーの機能　77
2 カウンセラーの職場と働き方　81
3 コンサルタントとしてのカウンセラー　88

第5章 カウンセラーに必要な基本的態度と能力 ………… 93
1 カウンセリングに不可欠の条件　94
2 カウンセラーに必要な基本的態度　98
3 カウンセラーに不可欠の技能　106
4 カウンセラーに求められる個人特性（行動特性）　118

第6章 プロセスとしてのカウンセリング …………………… 121
1 プロセスとしての条件　122
2 プロセスとしてのカウンセリングの条件　123
3 カウンセリング・プロセスの方向性　127
4 「吟味」と「依託」の過程　138

第7章 カウンセラーと倫理：専門職としての条件 ……… 141
1 専門職と倫理　142
2 カウンセラーと倫理綱領　147

文　献　161
索　引　166

第1章

カウンセラーとカウンセリング

　本書をひもとき，読み進めていただく上で，用語の概念と，本書での意味を明らかにしておくことは重要であると考え，ここでは本書で用いられる主な用語の概念を明確にし，整理することで，読者の皆様の混乱を少しでも減少させることを目指した。

1　カウンセリングをめぐるさまざまな反応

　「カウンセリング」も「カウンセラー」も共にアメリカに生まれ，いまや世界中に広まった言葉である。フランスのように自国語に置きかえている国もあるが，大方の国ではそのまま原語を用いているようである。日本にこれらの言葉が紹介されたのは50年以上も前の

ことであり，その意味では世界のなかでも先輩格といえるかもしれない。しかし，日本社会のなかでその存在が認められ，期待されだしたのは20紀末のことである。そしていまやカウンセリングブーム到来とまで言われるほど流行している。カウンセラーを職業としたい人も急増し，資格認定を目的とした研修会や講座には老若男女が詰め掛けている。

その導入の歴史が長いにもかかわらず，ごく一部の専門家からしか関心を寄せられなかったカウンセリングが，なぜ急に注目されるようになったのであろうか。その理由は，日本社会をおそった急激な変化や痛ましい事件の増加を背景として，「こころ」とかメンタルヘルスへの関心が高まったことにあることは言うまでもないことである。他方で，カウンセリングというカタカナ語が，だれの心のなかにでもある「ひとの役に立ちたい」「人を助けたい」という願望に平易に答えられる新たな技法として紹介されたことも急速に広がった原因かもしれない。しかしなんといっても，不登校やいじめへの対策として「スクールカウンセラーの配置」が文部科学省より公表されたことが，現在のブームの火付け役となったことは確かである。さらに，厚生労働省が中高年者の再就職のための施策として「キャリアカウンセラー」を取り上げたことがさらに拍車をかけた。

カウンセリングやカウンセラーがこのように急激に流行したという意味で，日本社会は珍しい存在であると思うが，それらのイメージが多岐にわたり，かなり不明確のまま用いられているという意味でも，日本はかなり特異な国かもしれない。他の多くの国におけるのと同様「カウンセラー」を専門職として確立させるためには，カウンセラーの行為に理論的根拠を与える「カウンセリング心理学」という分野を，心理学の一領域として確立させる努力が不可欠ではないかと思われる。たとえば，1980年代から90年代にかけてのイギリス心理学会内での動向とカウンセリング心理学部会の独立過程，

およびその後の発展をみれば,そのことは明らかであると言わざるをえない。

そこで,本書は,カウンセリング心理学の入門書として,日本のカウンセリング界に多大な影響を与えて続けてきたアメリカのカウンセリング心理学に基づきながら,その特徴と独自性を明らかにすることを試みたい。そのためにも,まずはいま,日本社会においてカウンセリングとかカウンセラーという言葉をめぐってどのような混乱が存在するかを明らかにしておきたいと思う。このようなアプローチをとるのは,筆者がカウンセラーだからである。まずはいかに混乱状態にいるかに気付き,その事実を受け入れなければ,それを解決する意思も生まれなければ,解決の必要性にも気付かないと思うからである。

まず,カウンセリングやカウンセラーをめぐる混乱は,これらがアメリカから輸入されたものであることに起因すると考えられる。ちなみに,日本に紹介された当初,カウンセリングは「相談」,カウンセリング心理学には「相談心理学」,カウンセラーには「相談員」とか「相談係」という日本語があてられたのであるが,最近は原語をカタカナ書きするようになった。そのため,かつての相談とは別の活動と解釈され,それが新たな混乱を招いているようにさえ思われる現象が起きている。たとえば,昨今,生徒指導や進路指導,教育相談や進路相談という既存の活動とは別に,ガイダンス活動とカウンセリングの導入の必要性が叫ばれ,その結果学校現場が混乱していることからも明らかである。

国際化と情報化が進むなかで,他国で開発・発明されたものが短期間で容易にわれわれの手に入るようになった。そうしたなかで,商品や製品のような物質的なものの輸入の場合には,法的規制が加えられたり,事前のチェックがあり,受け入れ準備なしに輸入されることはほとんどない。また,多少の誤解があっても,実際に実物

を手にし，目で見，作動したり使用してみることによって，それがどんなものであるかがわかる。したがって，誤解も解消されやすい。新たに輸入されたものとすでに日本にある類似のものと比較することによって，その独自性や特徴を具体的に把握することもできる。

しかし，思想とか理論などの抽象概念の場合には，特別のチェックなしで，その価値を認めた人が自由に輸入し利用することができる。そして，抽象概念や理論の場合は，物質的なものと違い，五感を通して直接確認することができず，それらを理解する手段は，輸入した他者の説明か，原著にあたるしかない。いずれにしても，実態をもって確認することが困難なため，誤解されやすく，またその誤解を訂正するのも至難である。そのためにそれを用いる人の理解の仕方によって，同じ概念が異なった意味に解釈されて，使用される危険性が大きい。また，それを既存の日本語に置き換えることによって，ますます原語本来の概念から離れ，翻訳語のもつ意味の方が一人歩きしてしまうことが起こる。「カウンセリング」もそのような輸入用語の一つのように思われる。そこで原語を翻訳せず片仮名で表示するのは，翻訳によって誤解を増幅する危険性を回避するためには意味があるのかも知れない。

さらに，思想や理論は，それが生まれた時代や環境，文化，それを提唱した人の哲学や人間観などが背景となって構築されていくものである。しかし，そうした背景はその思想や理論のようには文字化されないことが多いので，書物からだけではそれを知ることはできない。それらが非常に普遍性が高ければ高いほど，その背景を把握することが，思想や理論を正確に理解するために必要となる。もしフロイトが別の時代，別の国に生まれたなら，いまの精神分析学は生まれなかっただろうと言う人があるのは，そのためである。

カウンセリングの場合もまったく同じである。カウンセリングが生まれた背景，各理論や技法の背景については後に紹介するとして，

ここでは，カウンセリングをめぐる混乱の原因となる背景を紹介しておきたい。実は，カウンセリングを産んだアメリカでも，カウンセリングの発達過程においてかなりの混乱があったことと深く関係するのである。日本とアメリカのカウンセリングの歴史を比べてみると，カウンセリングがアメリカにおいて混乱のさなかにあった時期に日本に紹介されたことが推察できる。そして，カウンセリングの輸入にかかわった人々の多くは，本国で混乱していたことに気付かなかったのではないかと疑うほど，混乱状態を直視せず，一部の見解だけを輸入してしまったようである。アメリカの学会は，その後，長い間混乱の整理に力を注いだが，その様子がほとんど日本に紹介されてこなかった現実を見ると，アメリカにおいて混乱が続いたことに気付いていなかったようである。そこで，本書では，第2章でアメリカにおけるカウンセリングの発達史を概観することによって，カウンセリングの特徴を考え直してみたい。

では，現在日本では，カウンセリングという言葉はどのような意味で使用されているのであろうか。代表的なものとして次のようなものがあるのではないかと思われる。

①カウンセリングは心理治療と同じである

最近，学校や企業において，心理的問題が原因とみられる事件が起こるたびに，カウンセリングの必要性が指摘される。その場合，カウンセリングとは，心理治療と同意語として使われ，カウンセラーは心理的・精神的問題をもつ人の診断と治療活動をする人を意味する。また，「カウンセリングと心理治療は本質的に異なるものではない」と明言している心理学者もおり（例　小川，1995），「カウンセラー」と「臨床心理士」を並列的に使用している場合でも，両者の区別はなされていない。

②カウンセリングは対話による心理療法のことである

心理的・精神的問題をもつ人の治療方法の中の一つで，クライエ

ントとの対話をもって問題を取り除く療法のことをカウンセリングとよぶ人々もいる。

この場合，カウンセラーや臨床心理士だけでなく，精神科医やソーシャル・ワーカーもカウンセリングを行うが，カウンセラーはカウンセリングのみを用いる人（対話のみを用いる治療家）と考えられている。

③カウンセリングはよい人間関係作りのことである

他者との暖かい人間関係を作ることを最優先する姿勢をもって活動することとか，よりよい人間関係作りをすることという意味で，カウンセリングという言葉が用いられる場合がある。この場合は，専門的な心理的治療とか心理的援助というニュアンスは弱められているので，カウンセラーという専門職についてもあまり言及しない。「カウンセリング・マインド」という言葉が日本で作り出された背景には，このようなカウンセリング観があると考えられる。

④カウンセリングは，傾聴し，指示を与えず，相手の言うことを受け入れることである

カウンセリングとは，「相手の言うことを黙って聞き，相手の話したことを受け入れるという方法で，援助すること」という意味で用いられることがある。この場合，カウンセラーは，情報を提供したり，忠告を与えたり，自分の意見を言ってはならない。あくまでも，相手の言うことをそのまま受け入れることによって相手を援助する人というイメージで受けとめられるのである。

最近，カウンセリングを「相談」と区別して用いることがある。たとえば，学校教育相談と学校カウンセリングの併存，職業相談とキャリア・カウンセリングの併存がそれを裏づけるのである。両者は英語に置き換えると同じことになるが日本において用いられる状況をみるとそれぞれニュアンスに違いがあるようである。「相談」という場合は指導・助言が重視され，「カウンセリング」という場合に

は受容的態度とかクライエントの自己理解が強調されているようである。このような相違がつけられるのは、カウンセリングを「傾聴し、指示を与えず、相手の言うことを受け入れること」として解釈するからであると推測する。

⑤カウンセリングは助言、情報提供をとおして、悩みを解消することである

心理治療とは別に、ショッピング・カウンセラーとか旅行カウンセラーなどという言葉もはやっている。この場合、カウンセリングは、④とは逆で、情報や助言を提供して、困っている人を援助することを意味している。そして、カウンセラーとは、いわゆる相談相手であり、かならずしも心理学や精神医学の専門知識をもっている人とは限らず、それぞれの分野での経験や知識を豊富にもっている人で他人の相談に乗ったり、説得できる人のことである。

ここで本論に入る前に、本書においては「カウンセリング」「カウンセラー」、そして「カウンセリング心理学」という言葉がどのような意味で用いられているかを明確にしておきたい。「本書において」といっても、ここで用いる定義は筆者が創り出したものではない。筆者が本書で用いる定義という意味であり、その内容はアメリカやイギリスの関連学会などが提唱しているものなのである。

ついでに、混乱を整理する目的で、日本語の「相談」と「カウンセリング」の違いや、すっかり定着した「カウンセリング・マインド」という和製英語と「カウンセリング」の違いなどについての筆者の考えを紹介しておきたい。

2 カウンセリングとは

アメリカにおいて、カウンセリング心理学が誕生してから現在ま

で数え切れないほど多くの専門家がカウンセリングについて語り，論文を発表し，書物を出版してきた。そのなかでそれぞれの専門家がカウンセリングを定義してきたので，定義の数も幾百も存在する。代表的な定義の内容を調べてみると，内容が対立するというのではなく，焦点のあてかたで相違が生まれているようである。すなわち多くの定義は，カウンセリングの過程に焦点をあてているもの，カウンセリングの目標に焦点をあてているもの，カウンセリングの技法に焦点をあてているものなどに分類される。しかし，他方，どの定義にも共通する要素もいくつかある。特に最近では，他の専門領域との相違を明瞭にするために，カウンセリングの本質について統一の見解をもつことに，専門家が努力していた。そうした学者の中でハーとクレイマー（E. L. Herr and S. Cramer）は，どの定義にも共通する要素をつなぎあわせて，次のようにカウンセリングを定義した。すなわち，

「カウンセリングとは，心理学的な専門的援助過程である。そして，それは，大部分が言語を通して行われる過程であり，その過程のなかで，カウンセリングの専門家であるカウンセラーと，何らかの問題を解決すべく援助を求めているクライエントとがダイナミックに相互作用し，カウンセラーはさまざまの援助行動を通して，自分の行動に責任をもつクライエントが自己理解を深め，『よい（積極的・建設的）』意思決定という形で行動がとれるようになるのを援助する。

そしてこの援助過程を通して，クライエントが自分の成りうる人間に向かって成長し，成りうる人になること，つまり，社会のなかでその人なりに最高に機能できる自発的で独立した人として自分の人生を歩むようになることを究極的目標とする」(Herr and Cramer, 1988)。

要するに，カウンセリングは単に悩みを聞くだけでもなければ，

問題行動や情緒的不適応行動・状態の治療だけでもない。また，情報や忠告を与えるかどうかの違いでもない。個人が一時的に遭遇する困難を克服してその人なりの特徴をフルに生かして生きていけるようになるのを助ける過程である。言いかえれば，単に問題の解消や除去だけでなく，その人が自分の力で社会のなかで生きていくのを援助することを目的とする，心理学的な専門的活動である，という見解では一致している。したがって，カウンセリングの諸定義の違いは，援助過程における力点の置き方，クライエントの問題や行動に対する理解や解釈のし方，および，目標達成のための手段や方策などにあるのであり，そこにそれぞれのカウンセリング心理学者の理論的背景が反映されている。

たとえば，上述の定義では，「カウンセラーと，……クライエントとがダイナミックに相互作用し」という表現を用いているが，日本でもっとなじみ深い表現を使えば，「カウンセラーとクライエントとの間の人間関係を通して」となる。人間関係の重視は大半の理論が用いる表現ではあるが，特にヒューマニスティックなアプローチの人々が好んで用いる言葉である。論理療法（後に論理情動療法と改称）を提唱したエリス（A. Ellis）のように，両者の関係を重視せず，したがって人間関係という言葉は用いない立場もある。しかし，そのエリスもカウンセリングの過程はカウンセラーとクライエントとの間の相互作用の上での援助行為であることは認めている（パターソン，1966）。そこで，この定義では，すべての定義に共通する要素を表現するために，相互作用という行動的表現を用いたのである。

同様に，カウンセリングの目標についても，問題解決とか自己実現，あるいはパーソナリティの変容などはそれぞれの理論に独自の表現である。しかしそれぞれの目標は，表現は違うが，クライエントの行動で言い換えると「自己理解を深める行動」と「意思決定という行動」という共通した行動を意味しているので，上述のような

表現を用いているのである。

　さらに、「専門的援助」といわれるように、人生経験の豊富な人が、自分の個人的経験に基づいて行う活動ではなく、専門的教育を受けた専門家による活動である。

　ここで、イギリス・カウンセリング学会が1977年に提示した定義を引用してみたい（BAC, 1989）。すなわち、イギリスでは、

　　「カウンセリング（counselling）とは、熟練したかつ節操のある人間関係を利用して、自己理解、情緒的受容と成長、そして個人のもつ諸資源の最大限の発達を促すことである。カウンセリングに共通する目的とは、人々が、より充足でき、かつより豊かな可能性をもった生活を営なめるようになるための機会を提供することである。カウンセリング関係とは、（クライエントの）必要性によってさまざまであるが、具体的な問題を解決したり、意思決定したり、危機に対処したり、内的洞察と自己理解を深めたり、内的葛藤を解決したり、対人関係を改善したりしながら、発達的な諸課題に関与するのである」

と明記されている。

　また、1994年の定義では、「カウンセリングは一連の介入行動の実践であり、その介入行動をもちいて、個人および集団が、生活上の諸問題や遭遇する課題を主体的に対処し、より効果的に人生の課題を選択できるようになるために必要な、気付きとそれらを実行する能力とを発達させることを目指す。カウンセラーは、特定の援助関係のなかで一連の臨床的スキルを応用することで援助する」と説明されている。

　この定義をみると、表現は少々異なるが、本質的なところではアメリカの定義と一致していると思う。要するに発達的視点にたって援助活動をするということである。またイギリスでは特にカウンセリング関係について、「目的をもった」「限定された」、とか「節操の

ある」という形容語を付けて人間関係の質をコントロールしているのが非常に印象的である。イギリスにおいても、日本と同様カウンセリングを温かい人間関係ととられるという混乱がおきていたことが想像されるからである。

最後に日本カウンセリング学会の定義を紹介しておきたい。この定義は1997年に、学会の創立30周年を機に、学会員のアイデンティティの明確化に寄与する目的で提示されたものである。その内容は以下の通りである。

> 「日本カウンセリング学会の考えているカウンセリングはサイコセラピィ（心理療法）とは識別された援助的人間関係を中心とする活動である。……カウンセリングは疾患の治療ではなく(1)健常者の問題解決、(2)問題の発生予防、(3)人間成長への援助が主目的である。問題解決を援助する場合の問題とは何か。たいていの人が人生で遭遇する問題である。恋愛、結婚、学業、進路、人づき合い、就職、嫁と姑、育児、性、老齢期の孤独、アダルトチルドレンとの関係などがその例である。つまり、発達的課題を解きあぐねて困っている人への援助、これがカウンセリングの第1のイメージである。これが治療的カウンセリングである。……カウンセリングの第2のイメージは予防的援助である。進路意識を高めるための企業訪問計画、留学生対象の異文化への適応促進のガイダンス、性教育・エイズ教育、婚前カウンセリングなどがその例である。……第3のイメージは人間成長の援助法としてのカウンセリングである。ここで言う人間成長とは思考・行動・感情の3色面における学習の促進のことである。……」(pp. 3-4.)。

日本カウンセリング学会の定義は心理療法との違いを強調することで、その独自性を示そうとしていること、また、カウンセリングとガイダンスや教育などを包含することを明記していること、しか

し他方で,「発達的視点」,つまり,心理学を背景としていることは強調されていないことなどが,アメリカやイギリスの定義と非常に異なる点である。ちなみに「発達的視点」と「発達的問題」とは決して同じ視点ではないことを指摘しておきたい。筆者にとっては,学問的基盤を明示している点で日本カウンセリング学会の定義よりもアメリカやイギリスの定義の方がはるかに,自分の専門家としてのアイデンティティを確立しやすいので,本書では,上述したように,アメリカとイギリスの定義を用いることとする。

3 カウンセリング心理学とは

　本書のタイトルでもある「カウセリング心理学」とは何かをここで紹介しておきたい。日本では心理学会で独立した分野としては承認されていないので,定義も確立していない。そこで,アメリカとイギリスの定義を紹介することとなる。「日本の社会環境や文化は欧米とは異なるので,カウンセリングにおいても日本独自の定義があるはずであり,欧米のものは役に立たない」という批判の声を耳にするが,こうした意見は理論的研究の否定に繋がる恐れがあり,カウンセリングの科学性を軽視する姿勢に繋がることを恐れる。人間の行動を対象とする心理学の他の領域でそうした声は聞かれない。なぜなら,心理学は,環境や文化の影響を無視するどころか,研究の中心に据え,人間の行動に対する環境や文化の影響を考えることに焦点をあてた領域もあるからである。また,いまや地球規模で物事を考える時代でもある。他の国の研究や研究者の努力を土台として発展することこそ,われわれに課せられた課題であると思うのである。

　アメリカでもイギリスでも心理学会の一部会として他の心理学分

野の人々から公に承認されるまでには紆余曲折があったわけであるが、その点に関しては、後にとりあげるとして、心理学の一分野として承認された現時点で、どのように捉えられているかを紹介しておくことは、本書を進める上で意味があると思われる。

まず、アメリカ心理学会ではつぎのように説明している。すなわち「心理学の一専門分野であり、人々が自分のウェルビーイングを促進したり、その苦痛を軽減し、その危機を解決し、問題解決や意思決定できるようになる能力を増進するように援助する心理学である」(APA, 1984) と。

1994年に独立した分野として承認されたイギリスの心理学会では、次のように説明している。カウンセリング心理学は、「応用心理学の一分野である。つまり、クライエントの問題、カウンセリングの方法やプロセス、人間の機能する組織や環境について、心理学独自の知見を体系的に応用した実証的研究に基礎をおく領域である。カウンセリング心理学は個人のみならず組織的文脈にも関与するので、臨床心理学や職業心理学などのような成熟した領域の専門的研究を総合しながらも、主として生涯発達心理学と社会心理学を基盤として成立している」(Clarkson, 1998) と。さらに、イギリスのカウンセリング心理学の歴史を概説したP. クラークソン (Clarkson, 1998) が次のような非常に興味深いコメントをしているのをみつけた。すなわち「カウンセリング心理学をカウンセリングと同一視してはならない。また心理学を専攻した人が行うカウンセリングであっても、それはカウンセリング心理学ではない」と明言し、さらに「カウンセリング心理学は援助関係だけを対象とする分野ではない。より広い心理学的基礎をもった分野である」と述べている点である。またV. オーランズ (Orlans, 1996) もカウンセリングとカウンセリング心理学を区別し、カウンセリングはカウンセラーが用いる一連の介入行動であるのに対して、カウンセリング心理学は援助関係以上の事

象を取り扱う心理学の一分野であり，カウンセリングはカウンセリング心理学をはじめ，心理学的背景を土台としてなりたっている，と説明している。

このようなコメントから，イギリスにおいても日本と同様，カウンセリングをめぐってかなりの混乱があったこと，そしてその状況を解消すべく，学会が非常な努力をしていることを感じ取ることができる。

4 カウンセラーとは

実は，アメリカでもイギリスでも，カウンセリング心理学者とカウンセラーは区別している。いずれの国においても，カウンセリング心理学者とは，カウンセリング心理学を専攻して学位をもっている必要がある。アメリカ心理学会では次のように規定している。すなわち，「アメリカ心理学会がカウンセリング心理学者の養成の機関としての条件審査に合格していることを承認した教育機関で，カウンセリング心理学者教育に必要な全課程を備えた大学院で全課程を修了し，さらに博士号を取得している」こと（APA, 1981）を条件としている。この規定のなかで特に重要な条件は，「カウンセリング心理学コースで学位を取得していること」ということである。アメリカ・カウンセリング学会が会員向けに提示した最新の「カウンセラーのための倫理綱領（1995年版）」には，「博士号をもっていても，その学位がカウンセリング心理学専攻で取得したものでなければ，カウンセリング心理学者と名乗ってはいけない」という条文がある（ACA, 1995）。イギリスの場合は，博士号の条件とは「カウンセリング心理学者は，心理学を専攻し，そのうえでカウンセリング心理学（修士課程以上）の訓練を受けたもの」（Clarkson, 1998）と説明

している。

　他方，カウンセラーとは，アメリカの場合は実践家をさし，現在では大学院でカウンセラー教育プログラム（修士課程）を修了し，そこで修士号を取得していることが条件となっている。イギリスの場合はカウンセリング心理学が独立したのは1990年代半ばであり，それ以前から存在していたカウンセラーとは，人間関係を土台として，個人の価値や特質，自己決定力を尊重しながらクライエントの職業を中心とした生活の充実を促進する専門家であった（BAC, 1989）。イギリスのカウンセラーはアメリカにおける初期のカウンセラーと同様のイメージである。

　日本の場合は，アメリカやイギリスのようにカウンセリング心理学を専攻できるような博士課程はもちろんのこと修士課程も存在していないといってもよいであろう。日本でも，「カウンセリング」を学科のタイトルとして掲げている大学は増えてきているが，内容は，他の国々のようにカウンセリング心理学に特化した体系的プログラムではなく，臨床心理学との区別がつきにくい状態であることは否めない。ここでは大学院であるかどうかを問題にしているのではない。問題は，カウンセラーあるいはカウンセリング心理学者が専門職業であるために不可欠の，体系的な教育プログラムが存在していないことである。体系的なプログラムがあるということは，カウンセラーとはどんな任務を果たすものなのかに関して，少なくとも関係者間でコンセンサスが得られているということである。日本の場合，国際的にみてカウンセリング心理学者の数も非常に少なく，かつ，カウンセリング心理学も独立しておらず，カウンセラー教育に関する共通した規準もできていない。しかし，現実的には，日本のカウンセラー・イメージはイギリスのカウンセリング心理学者に近く，アメリカのカウンセラーに近いのではないかと推察できるので，本書では，アメリカのカウンセラーのイメージを参考にしながら，

かつカウンセリング心理学者とカウンセラーを区別せず,両者を基本的に同意語として用いることとする。

アメリカ心理学会のカウンセリング心理学部会は,その誕生の日からたえず,直面する社会環境の変化に対応できる専門家としての「カウンセリング心理学者およびカウンセラーの教育・訓練の責任」を一手に引き受けてきた。専門職の教育のためには,その専門職の独自性,果たすべき機能や役割の明確化が前提となることは当然である。事実アメリカ心理学会は幾度となくカウンセラー(カウンセリング心理学者)を定義し直してきた。過去20年間に提唱された定義をここに紹介してみたい。

まず,1981年に学会が発表した定義によると,

「カウンセリング心理学者は,個人が一生涯にわたる発達的過程を通して効果的に機能するのを援助することを目的とする。そして,その援助活動の実践にあたり,成長と適応という個人の積極的側面にとくに強調点をおき,かつ,発達的見地にたつ。具体的な援助活動の内容は,人々が,個人生活および社会生活に必要な技能(スキル)を身につけたりそれを改善したりすること,この変動する社会に適応する力,環境的変化に対処する力や態度を向上させること,さまざまな問題解決能力や意思決定能力を発展させることなどを目指すものである。したがって,カウンセリング心理学者は教育・進路選択,仕事,性,結婚,家庭,その他の対人・対社会的関係,健康,高齢化,社会的・身体的障害などに関係する問題と取り組むあらゆる年齢層の人を対象とする」(APA, 1984)。

また,1984年にカウンセリング心理学部会の教育・訓練委員会が作成し,全会員に配布したパンフレット「カウンセリング心理学者とはなにか」のなかでは,先(p.12)に紹介したカウンセリング心理学の定義につづけて次のように説明している。

「カウンセリング心理学者は,人々がすでに所有している資源やス

キルをより効果的に活用できるように援助したり，自助のための新たな方法を発展させられるように指導したりすることによって，心理的成功と発達を促進させることができる」。

「また，カウンセリング心理学者は，体系的でリサーチに基づいたアプローチを適用して，自分自身および他の人々が，問題を理解し，その解決法を開発させるのを援助する。カウンセリング心理学者が遭遇する問題は，環境の影響による問題，個人内および個人間，集団内および集団間の対人的葛藤から起こる問題などさまざまであるが，本質的に，職業上，教育上の諸問題，情緒的，社会的問題，健康に関連する問題，発達に関連する問題などである」（APA, 1984）。

両方の定義のなかのカウンセリング心理学者という言葉をカウンセラーに置きかえていただけるとわかりやすいであろう。なお，両方の定義にはカウンセラーに独自な機能や特徴に関して基本的に違いはないが，1984年の定義の特徴は「苦痛を軽減し，その危機を解決し」という機能が加わったことである。これは心理治療的機能をも包含していること意味する。また，カウンセラーのアイデンティティをサイコセラピィをするかどうかとか，取り扱う問題の困難度や種類によって明らかにするのではなく，問題を捉える視点（発達的視点）および目標でその独自性を明確化するようになってきているということができるであろう。

かつて，カウンセリング心理学が誕生したとき，スーパー（D.E. Super）はカウンセリング心理学の特徴を，「予防・衛生」および「すべての人の中にある正常性」に焦点をあてること，と述べた（Super, 1951）が，表現こそ異なるが，その趣旨は30余年後の定義と一致していることは明らかである。

5 カウンセリングと「相談」の関係

　本論に入る前に，カウンセリングという言葉に関して2つの言葉との関係を明確にしておきたいと思う。その1つは「相談」という日本語との関係である。

　カウンセリングが日本に紹介された当初は，「相談」という訳語が与えられていた。カウンセリング心理学は相談心理学と訳されていた。しかし，その後，原語がカタカナ書きで用いられるようになり，今ではいくつかの分野で，両者が併存し，そのニュアンスは異なるようである。たとえば教育現場には「教育相談」と「学校カウンセリング」という言葉がある。前者を英語に直すと「educational counseling」になるのではないかと推察する。では両者は同じ概念なのであろうか。関連の文部省の手引きによると両者は次のように定義されている。

　まず，生徒指導の手引きによると，教育相談とは「本来，一人ひとりの子供の教育上の諸問題について，本人またはその親，教師などに，その望ましいあり方について助言指導をすることを意味する。言い換えれば，個人のもつ悩みや困難の解決を援助することによって，その生活によく適応させ，人格の成長への援助を図ろうとするものである」（文部省，1981）と定義され，その説明として，利用される方法として，催眠療法，来談者中心カウンセリング，遊戯療法などの，心理学的治療方法が例示されている。

　他方，生徒指導資料第七集，「中学校におけるカウンセリングの考え方」をみると，明確な定義がみあたらないが，その語源から「ともに考慮する」を基本的性格としていること，「生活全般にわたっての適応を図るというよりは心の健康をよりよくしようとすることで

あり，精神衛生に関する仕事，つまり精神的健康の保持増進，精神的障害の予防，及び治療，であるといってもよい」（文部省，1971）と記述されている。

両者はともに生徒指導の一環と位置付けられており，同一のようでもあるが，手引きで示されている仕事の進め方をみると，前者は「受理面接，判定，処置，事例会議」であり，後者は「暖かい人間関係の確立，自己理解の援助」などの言葉がみられる。

このような両者のニュアンスの違いは，日本におけるカウンセリングの発展史を反映しているともとれるし，その言葉を用いる人の理論的背景の違いを示しているようにもとれる。筆者は，別の角度から両者の違いを考える。

一番大きな両者の違いは，「専門性」にあるということである。カウンセリングは専門的な相談とよばれる。カウンセリングも相談であることには違いないが，専門的であるということである。専門的であるかどうかの違いは，内容や相談の仕方にあるのではなく，その「相談関係」自体がいくつかの制約を受けているということである。一般の相談は，友人の間でも親子の間でも，上司と部下の間でも行われる。それに対して，カウンセリングは，原則として，友人や親子，職場内での関係など，すでに他の人間関係にある人同士の間では行わない。アメリカ・カウンセリング協会は，カウンセラーのための倫理綱領のなかで「クライエントとの間に二重の関係をもつことを極力回避すること」と明示しているくらいである（ACA, 1995）。

一般の相談もカウンセリングも人間関係を土台にする点では同じであるが，その関係の成立過程が異なる。友人や親子の間で行われる相談は，相談が始まるに先立って2人の関係が出ているのであり，かつその関係は話しやすく信頼できる関係であるところから，片方が相談の必要性が起きたときに他方に相談する。そして，その相談

が終了しても2人の関係は続く。むしろ相談の結果2人の関係はもっと深まるかもしれない。それに対して，カウンセラーとクライエントの関係は，「クライエントが相談の必要を感じたときに始まる人間関係であり，目的達成とともに2人の関係も終了しなければならない」ような関係である。

カウンセリングを勉強した人が友達から相談をもちかけられるとき，相談を受けた人はカウンセリングの能力を生かして相談にのるであろうから，相談の内容や効果と成果はカウンセリングと同じであろう。しかし，その相談は普通カウンセリングとはよばない。

要するに，相談とカウンセリングの違いは，カウンセラーがかかわるかどうかとか，専門的知識を用いるか否かというところにあるのではない。その土台である人間関係の目的と成立過程が異なるのである。「カウンセリング関係はカウンセリングが目的でつくられた関係」であり，友人関係は友達であること，親子関係なら親子であることから生まれた関係である。したがってカウンセリングでは2人の関係は相談の開始とともに始まり，相談の終了とともに終了するのである。

さらに，カウンセリングは「カウンセリングを行うために定めた場所と時間（長さも含む）」以外のところでは行わないという制約がある（ACA, 1995）。アメリカのカウンセラーにとっては，「打ち解けられるから」という理由で，喫茶店などの社交的な場でカウンセリングを行うことは論外である。カウンセリング・ルームで打ち解けられるようにするのが専門家である。しかし，一般の相談はどこでいつ，どのくらい長い時間行ってもかまわない。

6 カウンセリング・マインドとは

　もう1つ明らかにしておきたい言葉に,「カウンセリング・マインド」がある。この言葉は日本社会においてかなりポピュラーであり,時としてカウンセリングと混同して使われたりしてきている。

　カウンセリング・マインドという言葉は日本で産れたいわゆる和製英語である。日本語に置き換えると「カウンセリングの心」とか「カウンセリングの精神」ということであり,カウンセリングのことではない。国分康孝は「個人およびグループと寸暇を惜しんでリレーションづくりをしようという姿勢,つまり人間関係を大事にする姿勢のこと」と定義し,また,「カウンセリングの原理を活かした姿勢,態度のこと,技法を越えた人間としてのあり方を強調した言葉である」と,その特徴を解説している (国分, 1986)。

　この言葉は,人間不在の人事・労務管理とか生徒不在の学校・教育現場,患者不在の医療・看護,子供の人格や気持ちを無視した親の態度などの改善を要請する状況や文脈の中で用いられることが多い。そして,管理職や教師,医者や看護者,親としての望ましいあり方や態度を問題解決の鍵として,この言葉が使われている。また,この言葉は,人間関係を重視したり,人間尊重や個性重視を強調する人々が好んで用いるようでもある。要するに,人と人とのかかわり合いが関係するような状況で,この言葉は「相手の内面(思いや気持ち)を大切にし,それに注目する姿勢,とか,相手の身になり,相手の視点にたって物事を見ていこうとする姿勢」を意味し,さらに,そのような姿勢をとれるようになるために必要といわれる「相手をありのままにうけいれること」を指しているようである。

　「人間関係を重視する姿勢」や「相手をありのままに受け入れる姿

勢」をなぜ，カウンセリング・マインドとよぶのであろうか。それは，ロジャーズ（C. Rogers）のカウンセリング理論の影響に依るところが大きいと思われる。ロジャーズが最初に，「カウンセラーとクライエントとの人間関係の質の重要性」に注目し，それをカウンセリングの成功のための「必要にして十分な条件」とよんだ。すでに述べたように，人間関係の重要性はほとんどのカウンセリング心理学者の認めるところであるが，それを「十分な条件」とするのはロジャーズのアプローチの特徴である。さらに，ロジャーズは「心理治療家としてとか，教師，宗教家，カウンセラー，ソーシャル・ワーカー，臨床心理学者としてとか，そのいずれを問わず，人間関係を含む広範囲にわたる種々の専門職において，その効果性を決定するもっとも重要な要素は，クライエントとの人間相互の出会いの質である」（ロジャーズ，1965）と述べ，その重要性を，広く対人的職業に広げた。

日本においてロジャーズの影響は非常に大きく，カウンセリングとはロジャーズのクライエント中心カウンセリングだけであるという誤解さえ産んだほどである。そのロジャーズが技術や方法ではなく，カウンセラーの態度，言い換えれば「心」を重視したことは，精神主義の日本人にアピールし，ロジャーズも用いなかった「カウンセリング・マインド」という言葉を作り出したと考えられる。

人間疎外の時代風潮にあってカウンセリング・マインドは他者の存在に目をむけさせ，人間関係の重要性を認識させるのに貢献した。しかし，同時に，カウンセリングの専門性，科学性を軽視する風潮を助長させるというマイナスの影響があったことも見逃すことはできない（渡辺，1991）。

第2章

カウンセリング心理学の発達史

　カウンセリング心理学関連の外国文献といえば，その大半がアメリカの学者や学会の手によるものであったが，1990年代後半以降，イギリスで活躍する学者や学会の出版物が急に増加し，アメリカにさえ影響を与えだしている。イギリス人による文献であることの一番わかりやすい特徴は，内容がイギリスの状況を中心としていることは当然のこと，関連の書名のカウンセリングのスペルが違う（Counselling）ことである。イギリスでは，10年間ほどの努力の結果，1994年に，イギリス心理学会の正式な部会としてカウンセリング心理学部会の創設が承認されたことが，出版物の急増となって現われてきたのではないかと想像する。筆者は，今のところ，イギリスの事情に関しては数冊の文献を通して把握している程度であり，他の人々に伝えられるほど正確に理解しているという自信はない。

かぎられた知識からみたイギリスのカウンセリング界はある意味で日本と非常に類似した経験をしてきたように思えてならない。つまりアメリカから紹介されたさまざまな理論や実践の影響を受け，イギリスでも，日本と同様，カウンセリングの捉え方や，既存の他の心理学，従来のカウンセラーなどとの葛藤を経験したのではないかということである。アメリカの混乱をそのまま輸入したことでも共通しているように思えてならない。しかし今では，イギリスでは独立した心理学の一分野として承認し，独自に定義付けを行い，カウンセリング心理学者の教育が始まっているところが異なる。

1 発達の歴史をひもとく意味

どの学問分野に関しても，その発達の歴史を知ることは，その学問を支える思想や理念をより広い視点にたって評価するのに役立ち，また，過去の成果を確立させ，さらにその学問の発達が現在と未来の出来事にどのように貢献できるかを考察することも可能にする（Heppner et al., 1994）と言われている。C. J. グッドウィン（Goodwin, 1999）は，「カウンセラー，カウンセリング心理学者にとってカウンセリング心理学の発達史を知ることは義務である」とさえ言っている。なぜなら，まず第一にカウンセリング心理学のように歴史の浅い学問の場合は特に過去に拘束される度合いが非常に高いからである。また，どの専門職でも，50年前に苦悩して取り組んだ問題と同じ問題の解決に今でも取り組んでおり，新たなものと思うことが実は古くからの課題であることが多い。カウンセラーの場合も同様だからである。

カウンセラーは，古くから取り組んできた未解決の課題と新たに起こったことを見聞違えないようにするためにも，その学問の中心

的な概念やプロセスのルーツと歴史的背景をきちんと理解しておくことは必要である。さらに，学問分野が高度に専門化され多様に分化すればするほど，その分野の発達史がその分野を統合する中心を提供してくれるのである。別の言い方をすれば，ルーツを知ることで，同じ専門分野に属する者が自分の分野の中核的価値観と概念を再認識できるのである。カウンセリング心理学の50年間を振り返るとまさにその通りである。学校カウンセリング，職業カウンセリングから始まって，今では災害カウンセリング，死のカウンセリングまで，対象とする問題領域，対象者別に専門分化したし，カウンセラーを支える理論や技法も多様化の一途をたどってきた。その結果他の専門分野との境界があいまいとなるという問題が起こっているのである。

アメリカにおいてカウンセリング心理学が独立した専門分野として生き残るためには，絶えず，他の分野とは異なる独自性を社会に明確に示せなければならなかったのである。カウンセラーとしてのアイデンティティを客観化するためにも，歴史をひもとき，改めてその独自性を証明する中核的価値観や概念を社会に示せなければならない，というのが21世紀を迎えたアメリカのカウンセラーの任務であると力説している（Goodwin, 1999）。

カウンセリングを産み，各国に紹介してきたアメリカにおいて，その発達史を理解することをカウンセラーたちに要請しているのである。確かに，カウンセリング心理学者たちは絶えず，カウンセリングの本質や独自性を議論し，明確化し，科学として精錬する努力を怠らなかったのであるから，絶えずアメリカの学会の影響を受けてきた日本においては，発達史のどのような段階で，なにが日本に紹介されたかを把握することが，日本のカウンセリングの現状を認識し，混乱を整理するために不可欠ではないかと思われる。さらに，（もし必要なら）日本独自のカウンセラー像を追求し，専門職として

その存在意義を推敲し，かつそれを支えるカウンセリング心理学の発展の方向を探求するためには，アメリカにおいてカウンセリング心理学が，どのような背景のなかで，どのようにして誕生し，どのように変遷し，発達して現在にいたったか，そして，そのような変化と発達を促した要因は何だったのかを知ることは意味があると思われる。

2 カウンセリング誕生の背景：産業革命の影響

　相談にのって，助言，忠告や訓示を提供したり，励ましや勇気付けなどを行うことによって，悩み苦しむ人を助けたり，また，人々の精神的成長を目指して支援活動を行う人や団体，組織は，人類の歴史が始まったときから存在していたと言われている。おそらくどの文化圏においても，一番身近なところでは，親や年長者，村の長老などが当然の役割りとして，意図せずしてそうした機能を果たしてきたのであろう。そして，意図的に，ある意味では職業的に，他者を援助する役割りを果たしてきた人々として宗教関係者がいたであろう。たとえば，キリスト教文化圏であれば，司祭や牧師が心の指導者として生活全般の相談にのったり，あるいは罪の告白を聞きながら信者一人ひとりの心の悩みに答え，必要な指示を与え，説教を通して心の成長のみならず，予防的，矯正的指導を行ってきた。教会におけるこのような援助活動がアメリカにおける現代のカウンセリングのルーツであるとみる学者もいるほどである。

　しかし，専門的援助活動としての現在のカウンセリングの起源を中世までさかのぼる人はいない。一般的には19世紀末から20世紀初頭がカウンセリング誕生の期とされている。専門的活動としてのカウンセリングとは従来の宗教活動の一環としてのカウンセリング

2 カウンセリング誕生の背景:産業革命の影響

(相談)や福祉活動のなかでの相談業務とは区別されたのである。カウンセリングを第一義的任務とする専門家,すなわちカウンセラーという職業が誕生したということでもある。別の言い方をすれば,19世紀末のアメリカ社会には,宗教家や保護者,町の長老では対応できない新たな問題や状況が起きてきたということでもある。

カウンセリングと,それを専門とするカウンセラーというポジションや職業の誕生を認めるようになった背景には,激変するアメリカの社会環境があると言われる。その変化は産業革命によってもたらされたのである。産業革命によってもたらされた工業化の影響を知る手がかりとして,倫理学者のJ. B. キウラ (Ciulla, 2000) の洞察は非常に示唆に富むものである。

彼女によると,アメリカ社会は,童話や物語本を通して子供たちに生き方や道徳,働く意味や価値など,社会人としての教育を行ってきた。そうした子供向けの物語本の内容をみると,産業革命による産業化の結果,1885年代半ばには明らかに,その内容が変化し始めたというのである。それ以前の作家,たとえばエッジワースやアボットなどの作品では,農場や農村でどのように成長していくかを自信をもって子供たちにさし示す内容であったようであるが,彼らに続く作家たちが,1885年以降各地に発生した工業都市で生活する若者に対して,働く意味や道徳観をどのように取り扱ったらいいかに関しては自信をもって書けなくなったことは明らかだというのである。工業化した新らしい生活空間についてまったく経験がない作家たちにとっては,そうした場所について考えることは冒険家が未知の世界を探検するのと同じ感覚だったのであろう。そのためか,1850年以降は,冒険物語に方向転換した童話作家が多くなったというのである (Ciulla, 2000)。冒険物語で主張された理想の人物像はそれ以前のものとは異なっており,将来なにが起こるかわからない未知の世界にふみ出す勇気を支持するものとなっていったことは言

うまでもない。カウンセリング心理学者のタイラー（L. Tyler）は，カウンセリングを産んだ背景として，職業構造の変化と環境変化が価値観の変化をもたらし，その結果，保護者や年長者の教育力や相談能力を喪失させることになったことをあげている（Tyler, 1969）ことと一致する指摘である。

産業革命はイギリスで始まり，アメリカで花開き，成功したと言われるように，19世紀のアメリカ社会に多大な影響を与え，世界最強の工業国となる礎を築いたことは言うまでもない。しかしその影響は，個々人の生活様式や価値観にも及び，人々の生き方に大きな変化を余儀なくさせた時代でもあった。

しかし，一般的には，専門的援助過程としての現代のカウンセリングの起源は20世紀初頭とされている。従来の宗教活動の一部としてのカウンセリングや福祉活動のなかの相談業務とは異なる，独自な専門的活動として，19世紀末に，カウンセリングと，それを専門とするカウンセラーというポジションや職業の誕生を認めるようになった遠因は，当時の激変するアメリカの社会環境であり，なかでも，若者層が，産業革命によってもたらされたさまざまな変化の波に飲み込まれて傷ついていったという現象があると言われている。それまで誰も経験したことのない工場労働者としての生活を最初に歩みだしたのが若者である。工場労働者の生活は，多くの若者が慣れ親しんでいた，農場従事者や家内労働者などのそれまでの生活では経験しなかった新しい多くの生活能力を必要とした。その結果，価値基準も変化した。たとえば，工場労働者になることは賃金労働者になることであった。そこでは，賃金を計画的に使える能力が必要となる。さらに，その賃金は技術のレベルや教育の程度で左右されるので，自分から技術を磨く訓練を受ける計画力や学習力をもつことが賃金格差をもたらし，昇進，昇給の鍵となる。また，就業時間が雇用主によって設定され，自分で自由に決めることはできない。

したがって，工業労働者としての生活を有意義に営むためには，時間の使い方を知らなければならない。仕事の仕方が分業化し，かつ，流れ作業化することによって，労働者は仕事の速度や手順を自分で決めるのではなく，設定された基準に従える能力が要求されるようになった。その生活は，毎日同じ作業の繰り返しが主流であるため，仕事に慣れるにつれて仕事にやりがいや面白味を感じることが困難になるような生活の連続ともなった。

ここで取り上げた変化は工場労働者の経験したごく一部の変化に過ぎない。しかし，このような変化だけをみても，工場労働者となった若者は自分たちの手で新しい生き方を見つけなければならなかったことは確かである。それまでは親たちの生き方がモデルとなり，日常の生活を通して，特に意識しないでも大人としての生き方を学び，将来の自分の姿を想像したり見通しをもつことができたし，自立していくのに必要な能力や知識を，親や先輩から習得することができた。しかし，もはや親の生活様式はモデルにはならなくなった。親たちもモデルを示したり，教育したりすることができなくなった。また，生活の変化と価値基準の変化に伴い，若者も親たちも地域の指導者も，判断の基準や信念に自信がもてなくなったが，古い信念に代わる新しい価値観や信念をみつけることはできないという不安定な雰囲気に満ちた社会的状況となっていた。さらに，多くの若者は大都会と新しい生き方にあこがれ，こうした変化に備えることなく，親元を離れて，都会で下宿生活に入った。当然のことながら彼らの間で，孤独と生活苦から悪に染まる者が急増した。

さらに，工業国として発展していくアメリカを海の向こうから眺め，明るい将来を夢見て渡って来る移民が増加した。しかし，この時期の移民の多くは，工業化に耐えうる技術をもたなかったため，工業化による経済的恩恵に浴することは困難であった。さらに，当時の移民たちは，イタリア，ギリシャ，アイルランド，東ヨーロッ

パ諸国からであったため，英語が母国語ではなく，また宗教的にもカトリック系であるなどの文化的背景のために差別され，仕事につくことが困難であった。こうして，資本主義興隆期における女子・年少者の労働搾取が起こり，資本家への富の集中と国民間の経済的・社会的不平等も拡大し，大都市周辺にはスラム街も生まれた（Borow, 1974）。

このように，産業革命は，アメリカという国自体にとっては経済的に大きな飛躍をもたらし，世界の最強大国となるチャンスを作ったが，同時に，そこに住む個人や社会全体は，望まずして価値観や生活様式の大きな変化に対応せざるをえなくなったのである。そしてこうした変化に一番敏感な若者の間に，生き方がつかめず精神的に苦しみ，悩むものが増大した。価値観が変化したため，親や先輩自身も自信を失い，また宗教も力を失っていたため，若者に対して，従来のような非公式なカウンセリングを行えるものが地域社会のなかに存在しなくなった。タイラーは，カウンセリングを誕生させた当時の環境要因に注目して，急激な社会変化とともに，大人の相談能力の喪失をあげている（Tyler, 1969）。ちなみに，1970年代以降の先進工業国においても，マイクロエレクトロニクスを中心とする技術革新が産業界のみならず個人の行動や生活様式，家庭，そして社会のあり方などに及ぼしてきた影響を考えると，その影響力は当時の産業革命と非常に似ており，現在のわれわれも100年前カウンセリングを産んだのと同じような変化の真ただ中に置かれているのである。

現在のようなカウンセリングを必要とした遠因は，精神医学や心理学の分野に求められるのではなく，上述したような，産業革命によってもたらされた経済的・社会的変化であった。「社会の変化によってもたらされた個人への影響」を考えることがカウンセリングの独自性を生み出しているといえる。

3 カウンセリング心理学の誕生と発達史

カウンセリング心理学の発達史は1951年以前と以後に大きく分けられる。1951年というのは，アメリカ心理学会が「カウンセリング心理学」を新しい心理学の一分野として公にした年であり，その意味でカウンセリング心理学の誕生した年である。しかし，その誕生は，実際には，アメリカ心理学会にそれ以前から存在していた「カウンセリングとガイダンス部会」の改称というかたちを取ったのである。そこで，カウンセリング心理学の発達史という場合，一般に，ガイダンス・カウンセリング時代の歴史も含めている。ホワイトリィ（J. Whitely）は，1908年から1980年代までのカウンセリング心理学の発達史を8期に分けて，それぞれの時期の社会的背景と理論的発展を分析し，その特徴を次のようにまとめている（Whitely, 1984）。

第1期（1908-1950）　　形成期
第2期（1951-1956）　　専門職として承認された独立期
第3期（1957-1962）　　多様化と混乱期
第4期（1963-1967）　　「岐路に立つカウンセリング心理学」
　　　　　　　　　　　…専門職としてのアイデンティティの動揺期
第5期（1968-1976）　　独自な役割と機能の明確化に努力が払われた期
第6期（1977-1983）　　専門職としてのアイデンティティの再検討の期
第7期（1984-1987）　　専門職として挑戦の矢面に立たされている期

カウンセリングは，社会・経済的変化が遠因となって産まれたものであるが，専門分野としての誕生に直接寄与したのは，ホワイトリィの「第1期（1908-1950）形成期」に起こったいくつかの社会的運動であるといわれている。それらはその期間に起こったガイダンス運動，心理測定運動，精神衛生運動の3種の運動であり，カウンセリングの歴史的ルーツとよばれている（沢田，1984）。ホワイトリィは，これらに2つのルーツを付け加えている。それらは，「心理学の影響による非医学的カウンセリングの発展」および，「社会的影響」である。ここで，これら5つのルーツを時間の経過の順に簡単に紹介したい。

（1）職業カウンセリングとガイダンス運動の勃興

3つの運動の中で一番最初に起きた運動はガイダンス運動である。この運動は，19世紀末のアメリカの大都市で，社会改革運動家や教師の間で始まった「青少年に対する援助活動」が土台となって起こったものである。その意味で，ガイダンス活動は当時のアメリカ社会の混乱によって産みだされたものと言われる。

当時のアメリカは，急速な工業化により高度経済成長を遂げ，工業生産力で世界を制する超大国としての位置を確保していったが，それと同時に，工業化から派生するさまざまな社会的混乱が起き，人々は非人間化する社会を経験していたことは，カウンセリング誕生の背景のところで述べた通りである。

こうした社会のなかで，さまざまの社会悪を是正しようと立ち上がった社会改革運動家たちは，特に大都市を中心に，貧困，犯罪，無知の根元を根絶しようとする社会活動を繰り拡げた。彼らの活動方針のなかで特に注目に値するものは，未来をになう青少年の福祉を重視し，教育の重要性を訴え，実際に教育的・社会的活動を展開しだしたことである。そうした社会改革運動家の中のひとりであっ

たパーソンズ (F. Parsons) は、恵まれない青少年を援助するために、ボストンの市民厚生館で職業カウンセリング (vocational counseling) を始めた。そのため、彼は現代カウンセリングの創始者とよばれている。パーソンズの他にも、時を前後して、デトロイトやニューヨーク、シアトルなどで、生徒の学業相談や進学相談を行う教師が現れた。しかしパーソンズがカウンセリングの創始者とよばれる理由は、1908年に職業相談所を開設し、著書『職業の選択 (Choosing a Vocation)』(彼の死後、1909年に出版された) のなかで、科学的な職業選択モデルとカウンセラーの働き方を説明したからであるといわれている。

パーソンズは、「人は、自分自身を分析する力をもち、その分析に基づいて賢明な選択をする事ができる」という信念にたち、来談者が、自分自身、自分の適性、能力、興味、希望、志望、限界とその原因について明確に理解し (自己分析)、さまざまな職業における必要な資質と成功の条件、有利な点と不利な点、報酬、就職の機会、および将来性について知り (職業理解)、これらの2つのグループの事実の間の関係についての正しい推論を行う (人と職業の結合) という、賢明な職業選択のステップを実行するためには、カウンセリングと注意深い組織的な援助を必要とするとし、そうした過程を援助する人をカウンセラーとよぶ、と記している (Parsons, 1909)。

こうしたパーソンズの活動と理想は、時をおかず、ボストンの教育局に採用され、ハーヴァード大学では教員のためのカウンセラー訓練コースが開始され、学校から社会に移っていく青少年を指導する活動としてのガイダンス (職業・進学指導) の必要性が叫ばれ、学校における教育活動の一環として導入されていった。このように、学校におけるガイダンスは、社会の若者援助の活動から始まった。

ちなみに、vocational counseling は日本語では職業相談と、vocational guidance は職業指導と訳され、choosing a vocation は職業の

選択と訳された。日本語ではvocationとoccupationを区別することは少なく，両方ともに「職業」という日本語をあてはめている。しかし，vocationはoccupationとは異なる。語源的には「神からの呼びかけ，神から与えられた道，思し召し」であり，一般的には「個人がもっている資質を生かすこと，生かす道」と言いかえられる。そのうえで，現代社会においては，自分を生かす道の主なものが職業（occupation）である。特に学校を卒業する若者にとって，自分を生かす道としては職業につくことがもっとも一般的な生き方である。しかし，自分の生き方としてある職業を選ぶためには援助が必要になる場合が多いので，パーソンズは職業や労働界についての情報を重視した。そのため，vocational counselingが結果としてoccupational counselingとなったのであり，a vocationの選択が職種の選択になる場合が多かったのである。

しかし，日本に紹介されるときにvocationを職業と訳すことによって，進学と区別された就職援助だけが職業カウンセリングの仕事と解されるようになってしまったようである。文部科学省において，進路指導を「生き方の指導」と定義するようになったのは，本来の意味に戻されたと言えるのではないだろうか。

(2) 心理測定運動の影響

第2のルーツとしては，20世紀初頭の心理測定運動があげられる。それは，心理学の分野で当時盛んとなった心理測定法と差異心理学の研究によるところが大きい。19世紀の末，世界最初の心理学の実験室として有名なヴントの実験心理学研究室において被験者が示す「個人差」が注目されだし，それを数量的に評価する方法，いわゆる「測定法」への関心が高まった。そのような研究者の一人にキャッテル（J. M. Cattell）がいた。彼は1908年にはじめて「メンタルテスト」という言葉を用い，心理測定をメンタルテストとして用いる運動に

大きな影響を与えた。また，1905年，フランスにおいて，ビネー（A. Binet）とシモン（T. Simon）は，現在のすべての心理テストの元祖と言われる最初の知能尺度を開発した。そしてアメリカにおいては，第一次世界大戦および戦後の産業界の発展などの影響をうけて，また大量の人の知的・作業的・性格的特徴を測定する要請をうけて知能検査，適性検査，興味検査，性格検査など各種の心理テストが作成された。これが心理測定運動である。

それらのテストは，パーソンズの提唱した職業選択の第一のステップにおいては，来談者の自己理解の援助と進路・職業適性の探索の主要な手段として利用されるようになった。それ以前のカウンセラーは，相談の技法もほとんど開発されておらず，主として記録や簡単な質問紙と，職業情報に頼っていたので，心理テストはカウンセラーにとって不可欠の用具となった。

(3) 精神衛生運動の高まり

現代カウンセリングの誕生に貢献したもう1つの運動は，1930年代に高まった精神衛生運動である。一方で経済的大恐慌による社会的混乱と人々の精神的問題の増大という社会背景があり，他方で，フロイト（S. Freud）の精神分析学やホール（G. S. Hall）の児童研究の影響，また，精神衛生国際会議の開催などにより，精神病や神経症の早期発見と治療，特に青少年への精神衛生的配慮の必要性が注目され，精神衛生運動が起こった。そして，アメリカ各地の大学等に児童相談機関が設置され，臨床心理学者や精神科医が中心となって，いわゆる適応相談が盛んに行われるようになった。また，青少年のパーソナリティの発達を導くガイダンスを学校に導入する必要性が勧告されだした。

なお，1930年代から40年代は，アメリカの心理学自体が大きく飛躍した時期である。特に，ヨーロッパから多くの心理学者が移住し

てきたことにより，パーソナリティ心理学，発達心理学，臨床心理学などの各分野での研究や理論が紹介され，その後の心理学の基礎を築いた時期でもある。

(4) 心理学の影響による非医学的カウンセリングの発展

パーソンズは職業カウンセリング創始者とよばれるが，現在のような専門的カウンセリング理論や技法を開発したわけではない。ただ，無償の好意をもって，来談者をよく観察し，情報や忠告，宿題を与えて職業選択を指示したのである。その後，ウィリアムソン (E. G. Williamson) やカウリィ (W. H. Cowley)，さらに臨床心理学の研究者たちが，学生の進路の選択を援助する方法について検討を重ねていった。しかし，これらの心理学者のアプローチも基本的にはパーソンズと同じ方向をとっていた。いわゆる「マッチング・モデル」である。このモデルをウディ (R. H. Woody) らは「医学的モデル」とよんでいる (Woody et al., 1989)。ここでいう医学的とは医学の知識に基づくとか治療的という意味ではない。カウンセラーの姿勢や行動が医者のそれと同じであり，来談者に対して「選択の権威者」として振舞うという意味である。すなわち，医学的モデルのカウンセラーは，自分が判断を下すのに必要な情報を来談者から収集し，来談者を分析し，そのデータに基づいて専門家としての合理的で論理的な結論を下すことを役割としていた。また，このモデルでは，最終的な進路決定を行うのは来談者ではなくカウンセラーである。このアプローチが，後にロジャーズによって「指示的カウンセリング」という呼び名を与えられたのは，選択の過程において来談者は受動的参加者であり，カウンセラーが権威をもって進路を指し示す役割を果たしていたからである。

このような「合理的・論理的な人間観・世界観」に対して，1940年代に現れたロジャーズのアプローチは非常に異なったものであっ

た。彼もはじめは効果的な技法（いわゆる，指示的技法）に関心をもっていたが，実際の治療場面での直観と現象学の影響で，「何が傷ついているか，どこに向かっていきたいのか，どの問題がもっとも重大なものなのか，心の奥深くにしまい込まれてきたのはどの経験なのか，を知っているのはクライエントである」ことに目覚めたという（ロジャーズ，1961）。その結果，ロジャーズは，カウンセラーにとっての現実的な対象はクライエント自身の経験と，その経験に対するクライエント自身の知覚であること，そして，行動の変化は，合理的・論理的（言いかえれば，指示的）介入によって起こるのではなく，クライエントが自由になって，自己知覚を変化させられるような雰囲気を提供することによって起こる，という視点にたって，さらに問題解決の責任の所在をカウンセラーからクライエントへと移すアプローチを提唱した。このような視点は権威に基づいたカウンセリングから，指示的でない，いわゆる非指示的アプローチへ，言いかえれば，カウンセラーを権威者とする医学的モデルから，カウンセラーとクライエントがそれぞれの責任を分担する非医学的モデルへと根本的移行をもたらした。

　さらにロジャーズはカウンセラー自身の視点にも変化をもたらした。つまり，純粋に職業や進路問題のみにかかわってきたが，徐々に，情緒的側面から人間の成長や行動に注目する方向へとカウンセラーの視点が移っていった。その影響で，カウンセラーはもっと幅広く人間の適応に関心をもつようになった。また，ロジャーズは，カウンセリングと心理治療を同一のものと定義することによって，ますます，非医学的介入という考えを提示し，さらに家族関係とか障害への適応，社会的適応一般へとカウンセリングが対象とする問題を拡げていった。

(5) 社会的影響

4つのルーツから,徐々に専門分野としてのカウンセリングの領域が形造られてきたが,ホワイトリィはじめ多くの研究者は1950年代にカウンセリング心理学として独立させたもう1つの要因があったことを指摘している。彼らが注目した最後のルーツとは「第二次世界大戦の終結によってもたらされた社会的変化」である。

世界大戦の勝利国としてアメリカが政治・経済の各方面で世界的な影響力をもつ国として発展したことはいうまでもないが,それは同時に,戦争によって心身に痛手を負った者も決して少なくなく,その結果として心理的・精神的ケアへの社会的関心が高まった。なかでも復員兵への援助のために莫大な予算が計上されたが,それは直接的な経済的支援としてだけではなく,「彼らの社会復帰と自立を促進する」のに役立つあらゆる機会を提供するために用いられた。特に,将来のある若年の復員兵のためには彼らの希望に即して大学進学などの専門教育が受けられるようにしたり職業につけるようにしたりする援助が重視された。そのため,各地の大学や復員局にカウンセリング・サービスを提供する組織と機関が急速に設置され,同時に,専門家としてその機関で働けるカウンセラーへの需要が高まった。

4 カウンセリング心理学誕生から現在まで

カウンセリングの歴史のなかでもっとも意義深い時期を選ぶとしたら,それは1950年代である。1951年にD. E. スーパーが著した論文の題名が象徴するように,「職業指導からカウンセリング心理学への移行」が起こった時期だからである。これは,アメリカ心理学会がその一部会であった「カウンセリングとガイダンス部会」を「カ

ンセリング心理学部会」と改称したことによって起こったことである。

アメリカ心理学会が、カウンセリング心理学という言葉を採用するにいたった背景には、社会活動から出発したカウンセラーの活動が心理学から理論的基盤を得て専門的活動として体系化されだしたからである。

カウンセリングの発達にとって画期的、直接的影響を与えたのは、ロジャーズである。ローチェスターの児童保護協会児童研究部で働いていた当時、彼は『カウンセリングと心理治療』(1942) を出版し、そのなかで、ロジャーズは非指示的カウンセリング・アプローチをはじめて紹介し、それまでのカウンセリング（主として、職業カウンセリング）を指示的カウンセリングとよんで区別した。

ロジャーズの貢献は、単に新アプローチを開発したというだけではない。彼は、パーソナリティ理論と実証研究に基づいたカウンセリング・アプローチを発表することにより、それまでのテスト結果と職業情報のマッチング中心のカウンセリングから、心理学的援助活動としてのカウンセリングへと成長させたことである。特に、彼は、カウンセラーとクライエントとの間に「治療的な、不安のない、温かい雰囲気に満ちた関係」を作ることが、カウンセラーにとって決定的要因となることを実証したこと、および、職業選択など個人の「問題」に注目するのではなく、そういう問題をもつ「人」に注目することの重要性を強調した。これらは、カウンセリングの目標やカウンセリングの技法、さらにはカウンセラーの訓練のあり方に明確な方向付けを与え、カウンセリングの独自性の明確化に大きく貢献した。しかしその一方で、彼が、カウンセリングと心理治療とを同意語として用いたことにより、混乱が始まったことも事実である。

カウンセリングが心理学的な専門的援助活動として承認された後

の歴史も，アメリカ社会の変化と心理学の諸理論の発展の影響をうけた変遷の歴史である。ここで，1950年以降の歴史をホワイトリィの分類にしたがって概観してみたい。

(1) 専門職として承認された独立期（1951-1956）および，多様化と混乱期（1957-1962）

①**独立**　アメリカ心理学会は1946年に大きな組織改変を行った。それまでは研究中心の純粋心理学者の集団であったが，その年を境に専門的な実践活動をする，いわゆる応用心理学者も加入するようになり，応用心理学の各分野が部会を創設した。そのひとつが「カウンセリングとガイダンス部会」である。この部会の目的の1つは，「心理学の技術や方法を，職業的，教育的，心理的適応に関するカウンセリングとガイダンスの活動に拡げること，およびそれに関する研究を促進すること」であった。第二次世界大戦後，さまざまな心理学的援助を必要とする人が増大するなかで，カウンセリングとガイダンスにかかわる心理学者は，医療的場面で働く臨床心理学者と異なり，自分たちを非医学的場面で，個人のさまざまな適応問題を取り扱う専門家として独立させることを願って，1951年のノースウェスタン会議で，名称を，「カウンセリングとガイダンス部会」を「カウンセリング心理学部会」と変更することが提案され，1953年のアメリカ心理学会総会で承認された。

専門分野として確立するためには，まず第一にその分野の専門家の養成が不可欠である。そこで学会は，大学院の修士課程および博士課程におけるカウンセリング心理学者養成の教育プログラムを開発する仕事に着手した。

社会的背景としては，前半は第二次世界大戦の影響で，心身に傷ついた人，特に復員兵への援助と彼らの社会復帰が緊急の課題であった。その対策として各地の大学にカウンセラーを配置するよう

になり,それがリハビリテーション・カウンセリングの発展をもたらした。後半は,ソヴィエトとの対立・競争が始まった時期である。1958年の国家防衛教育法は中等学校で進路指導をする学校カウンセラーの配置を促進させた。このような社会背景は,カウンセラーを専門職として認めさせ,発展するのに大いに貢献した。

②**混乱**　こうしてカウンセリング心理学およびカウンセラーは独立した専門分野として公式には承認された。しかし,独立の過程は同時に混乱を深める時期でもあった。学校カウンセラーに関しては,期待されることもその機能も従来のカウンセリングとガイダンスの時代と変化しないのであまり混乱はなかったが,カウンセリング心理学は特に臨床心理学者の間で,その相違について混乱が生じ,臨床心理学者のなかには,その独立を承認せず,カウンセリングを心理治療の一技法と主張する人々もあった。

学会は,その独自性を明確にするために,定義委員会を発足させ,カウンセリング心理学の概念化,および他の関連分野,特に臨床心理学,との相違の明確化に尽力した。両者の相違に関しては,本書の第3章で詳細に紹介することとする。

③**多様化**　その後のカウンセリング心理学の発展に寄与したパーソナリティの諸理論や職業心理学の分野の諸理論,カウンセリングや心理治療の諸アプローチや技法の大半はこの時期に発表された。それぞれの理論やアプローチは人間の行動についての理解が異なるので,理論が多様化するということは,カウンセリングのプロセスや目標の多様化をもたらすこととなった。

オールポート(G. W. Allport)は,多様化する理論とそれにともなう混乱を整理するために,この時期に発表されたカウンセリング諸理論を,それぞれの背景にある人間観で3つのカテゴリィに分類した。すなわち,

「深層で反応する存在」という人間観…この人間観に基づく理論の

代表は精神分析理論である

「反応する存在」という人間観…この人間観に基づく理論の代表は行動主義の諸理論である

「生成の過程にある存在」という人間観…実存主義，人間主義的アプローチがこの人間観に基づく（Allport, 1965）。

ちなみに，この分類は40年経った現在でもカウンセリング理念の分類の基本となっている（Woody et al., 1989）。

(2)「岐路に立つカウンセリング心理学」——専門職としてのアイデンティティの動揺期（1963-1967）

1960年代はその前の時期から引き続き，心理学のさまざまな理論，それに基づいたカウンセリング理論がつぎつぎに発表され，さらにそれぞれの理論から導き出された多様な技法が開発された時期である。このさまをみて，カウンセリング技法の氾濫期とよぶ学者たちもいるくらいである。確かに，1960年以降，第一線で働くカウンセラーたちのなかには，あたかも最新流行の技法を使わなければ成功しないかのように，次々に現れる新技法を学習することに追われ，それを試すことに意義を見出す者も現れだした。その結果，クライエントのために技法を使うのではなく，技法を試すためにクライエントがいるような状態も起こりだした。また，カウンセリングの新しい技法は心理治療の技法でもあったこと，さらに心理治療とカウンセリングを同意語とするロジャーズの理論や技法が多くのカウンセラー教育者やカウンセラーたちに強大な影響を与えたため，両者の相違はますます混沌としてきた。カウンセラーたちの間でも問題行動の治療を主たる活動とするものが増えてきた。その役割がかなり明瞭であった学校カウンセラーの間でも同様，非指示的カウンセリングそしてクライエント中心カウンセリングが尊重されだした。

こうして，カウンセリング心理学もカウンセラーも明確なアイデンティティがもてなくなった。

このような状況下で，カウンセリング心理学会はアイデンティティの確立のために，積極的行動をとった。それが有名な1963年のグレィストン会議である。これはカウンセリング心理学の発達史の中のもう1つの重要な出来事であるといわれる。つまり，アメリカ心理学会の第17部会は，この会議で，カウンセリング心理学者の仕事と教育訓練の内容を再点検し，その改善のための勧告を出した。この会議が契機となって，カウンセリング心理学者は，改めてカウンセリング心理学のアイデンティティ，その独自性の理論的基盤，および，将来の指針について多くの議論と研究を行い，専門分野としての確立に尽力したのもこの時期の特徴である。

たとえば，当時アメリカ心理学会の専門家教育訓練委員会はカウンセリング心理学がその目標，機能，役割，使用する用具等の面で他の心理学といかに異なるかを議論した。その会長であったW. コトルは『カウンセリング心理学――1967年』のなかで次のように記している。すなわち，「カウンセリング心理学の目標は，個人が「生まれてから死に至るまでの」普通な発達の過程のなかで遭遇するさまざまな葛藤場面を通して，認知的・心理的両面の体系的な問題解決行動を発達させられるように援助すること……。その機能は，個人の内面のみに焦点をあてるのではなく，個人の生きる社会や労働界などの現実に対して経験的に接近すること，などが特徴である」(Cottle, 1967)。

なお，当時の社会背景をみると，人々とのかかわりのなかでの自己充実と可能性の探究が人々の関心となってきたという特徴がみられる。その結果，カウンセリング心理学者の援助を必要とするクライエントも多様化し，彼らを雇用する機関も拡大しだした。このような社会的要請をうけて，行動療法と実存主義的カウンセリングが

特に注目をあびるようになった時代でもある。

(3) 独自な役割と機能の明確化に努力が払われた期（1968-1976）

この期は，1960年代前半にとられた「定義付けに関するさまざまな努力」が統合され，かつ，総合的な定義および具体的な機能として公表された時期である。たとえば，カウンセラーには次のような3つの異なるしかし相互に補完しあう役割があると提唱されたのもこの時期である。すなわち，

  第1は矯正的またはリハビリテーション的役割…現在困難や問題を経験している人を援助する役割

  第2は予防的役割…将来起こりうる問題を予想し，その問題に陥らないように前もって対策を講じる役割

  第3は教育的・発達的役割…個人が自分の可能性を発見し，それを実現できるようなさまざまな経験の機会を計画し，実践し，かつその経験から最大の利益を得られるように援助する役割

なお，この時期のアメリカ社会では，ヴェトナム戦争の影響やウォーターゲイト事件の経験を通して権威への信頼の喪失など，人々の価値観や生き方の指針を根底からゆるがす事件が続発した。また，さまざまな差別の撤廃と個人の福祉，および個人にとっての理想自己の探究への関心が高まった。社会の権威に対する信頼を失い，人々の関心が自分に向かう風潮のなかで，予防と心理的教育の立場から「人々に専門的知識を提供して，自助を促進する」を提唱したカウンセリング心理学者の主張が社会に受け入れられ，カウンセラーの独自性が世のなかに認められ，求められるようになった。

(4) 専門職としてのアイデンティティの再検討の期（1977-1983）

社会がカウンセラーやカウンセリング心理学の独自な活動や存在を好意的に受け入れ，かつその需要が高まるにつれて，従来のカウンセラーの役割への見直しが必要になった。特に個人開業するカウンセラーが増加しだしたことがこの時期の特徴である。その結果，すでに開業してきた精神科医や心理療法家などとの間でトラブルが発生しだした。またカウンセラーによる治療を健康保険会社は保険の対象と認めないことからクライエントとの間でも問題が生じた。そこで，改めてカウンセリング心理学者，カウンセラーの資格が問題となった。

この時期の課題は，それ以前のように，他の心理学との違いや独自性を明確化してカウンセラーのアイデンティティについての統一をとることではなかった。むしろ，社会の要請と新しい働き方にかんがみて，関連のある他の専門職との関係を考慮にいれて，教育内容を心理学者のものと同等にし，個人開業に必要な州の心理学者免許試験を受けられるものとするという方向をとるようにした。もはや臨床心理学との区別をするよりも，接近しながら特異性を出すという方向に向かいだしたといえよう。

そのため，アメリカでは，以前からカウンセリング心理学者とカウンセラーは区別されてはいたが，この頃から，カウンセリング心理学で博士号を取得した者がカウンセリング心理学者とよばれ，修士課程修了者あるいは博士号をもたない専門家をカウンセラーとよび，両者を明確に区別するようになった。

この時期のもう1つの課題は，カウンセリング心理学者（カウンセラー）の特異性である「予防的かつ発達的」視点にたった援助活動への社会の要望がますます高まっていたことに対してどう応えるかであり，それは，次の時期にも継続されることであった。特に，

産業・経済界の変化，家族構成の変化などに伴いキャリア介入援助の要請や，ソーシャル・スキルの訓練，ストレス・マネージメント等，情緒的混乱や問題行動の初期的予防となる教育的援助への要望が高まってきた。

(5) 専門職としての挑戦の矢面に立たされた期（1984-1987）

ホワイトリィが『カウンセリング心理学：その歴史的展望』を出版したのは1984年であったので，この最後の期を「挑戦と発展の機会」と名付け，新たな挑戦に立ち向かわされていることを予見し，挑戦をさらなる発展に生かす好機としなければならないことを示唆している。

1990年代は歴史というにはあまりにも身近すぎ，カウンセリング心理学の関係者にとっては，課題と直面し，その解決と今後の展望が多く行われて今日にいたっている。1980年代以降アメリカではカウンセリング心理学という専門分野は，学界の内外から新たな挑戦を受け，結果的にさまざまな変容を余儀なくされてきている時期に，あらためてその独自性を世に示す必要が生じたことは事実である。それはある意味で21世紀に入っても継続していると思うが，方向性は確立したということであろう。

このような状況をみると，まさに，カウンセング心理学が「真空のなかで発展してきているのではなく」，国内および国際的レベルでの数多くの専門的課題と取り組んできただけでなく，社会的，文化的，経済的，政治的な諸圧力を受けたことによって成長してきたことがあらためて思い起こされる。

そこで本書では，文献をもとに，ホワイトリィの最後の期を「1987年まで」と「1900年代以降」に分けて歴史を概観してみたい。ちなみに1987年とは，第3回カウンセリング心理学会議，通称ジョージア会議が開催された年である。

ホワイトリィは1984年当時,カウンセリング心理学が次のような挑戦を受けていると察知していた。すなわち,①他の専門職との関連を明確化しなおすこと,②専門家として,もっと質の高い科学的研究と独自な貢献ができるように,大学院での基礎教育において研究能力を向上させること,③もっと広範の人々をターゲットとして,専門分野としての目標および独自な機能について理解させること,④アメリカ社会が直面する経済構造の変化への独自の対応ができること,そして⑤もっと積極的に,予防的活動にかかわることで,あった。以上のような指摘から推察できることであるが,当時すでにカウンセリング心理学およびカウンセラーの独自性が不明確になり,他の領域,他の専門家との境界線が不明瞭となり,存在意義が問い直されているという危機的状況に直面していたのである。

事実カウンセリング心理学者のなかにも,L. F. フィッツジェラルドとS. H. オシパウ (Fitzgerald and Osipow, 1986) のように,カウンセリング心理学は,臨床心理学と学校心理学との接点が非常に多いので,これら3領域は,もっとひろい「ヒューマン・サービス心理学」として統合される時期がきたと提案した人々もいる。しかし,このような提案は支持されなかった。たとえば,反対者の一人であったA. A. トンプソン (Thompson, 1980) は,その理由としてカウンセリング心理学の誕生と歴史,そしてその現代的意義を強調し,「もともとさまざまな年齢層,さまざまな適応状態にいる人を対象としてごく日常的な現実問題に対処するところから始まり,それを特徴として発展してきており,これからの社会においても同様の役割は益々重要になってくる」から,やはりその独自性は守るべきであると主張した。テクニシャンではなく,独自な貢献のできる専門家として,カウンセラーが世に認められるようにならなければ,カウンセリング心理学の将来はないという危機感である。他方カウンセラーたちがこの危機を乗り越えることができれば,独自な専門分野

としてさらなる発展が期待できることでもあった。そのような環境のもとで第3回カウンセリング心理学会議が開催されたのである。

特に当時のアメリカ社会は産業・経済構造の変化に直面し，それが人々の行動，生活様式に多大な影響を与え始めたところである。ホワイトリィは，経済構造の基盤が労働集約的産業から高度情報技術産業へと移行することが個人の職業行動，職業生活のあり方，そして将来の見通しに大きな変化を及ぼしていることを指摘し，カウンセリング心理学はそれに対応するために，キャリア発達の視点にたった活動とか個人のパーソナル・スキルの評価の多角化・多様化に，もっと積極的に取り組む必要があると示唆している。また，低迷する経済状況は，カウンセラーにもアカウンタビリティを厳しく迫り，目標達成と効率性を客観的に明示することを求めるようになってきた。

他方，エイズや児童虐待，自然災害の多発など，避けがたい問題が社会の注目を集めた時期である。そこで，治療的機能ではなく，予防的対処と自助能力の育成といういわゆる発達的・教育的機能への関心が高まり，カウンセラーらしさを発揮して活躍する場面が拡大してきたことも事実である。

このような背景のなかで，カウンセリング心理学のリーダー的立場にいる人々の間で，顧客すなわち社会のニーズに答える努力が払われだし，「効果的に働ける有能な」専門家の教育（competency-based-education）を目指して，大学院におけるカウンセラー教育プログラムの再検討に着手した。具体的には，種々の理論や技法の体系化をはかるための研究，スーパービジョンの理論と実践方法の開発などのほかに，成人心理学，コミュニティ心理学，システム理論などの新たな分野からの影響を積極的に取り入れるようになったのである。

(6) さらなる成熟に向かう準備期（1987年から21世紀に向かって）

2000年に出版された『カウンセリング心理学ハンドブック第3版』の第1章で，P.P.ヘプナーらは，ホワイトリィの後を受けて，カウンセリング心理学の歴史の1987年から1998年までを整理し，「1980年以降新たな局面に入った」としている。そして，20世紀最後の10年をカウンセリング心理学の成熟期と名付けている（Heppner et al., 2000）。成熟といっても，その意味は，新たにアイデンティティが確立できて，さらに専門分野として自信をもって独立できるという意味と解されるのである。

このような自信の源は，おそらく第3回カウンセリング心理学会議（ジョージア会議）の開催があったからではないかと推察される。ちなみに，アメリカ心理学会17部会では50年の歴史のなかでカウンセリング心理学会議を3回開催している。第1回会議は1951年に開催されたノースウェスタン会議であり，すでに述べたようにこの会議で「カウンセリング心理学」が誕生した。第2回目は1964年に開催されたグレイストン会議であり，ここで始めてカウンセリング心理学の独自性の明確化という難問を取り上げ，専門領域としてのアイデンティティを確保するための訓練プログラムモデルが提示された。それ以来30年間新たな会議は開催されなかった。開催されないですんだといったほうが適切かもしれない。なぜなら，この会議はアメリカ心理学会としてカウンセリング心理学が直面する問題に，学会として一致した解答を出さなければならないときに開催されてきたからである。その意味では1987年は歴史的意味をもつ年といえよう。

ジョージア会議は「カウンセリング心理学の独自性と将来」をテーマに掲げたことからも明らかなように，専門分野としての独立性があいまいになってきたために開催されたのである。この会議は

あらためてカウンセリング心理学のルーツを再確認するところから出発し，カウンセリング心理学を支える伝統的な理念の再確認を行った。その理念とは，「個人およびその行動を，社会文化的文脈の中で捉える」（p.426）ということである。会議は，

　①科学と実践の統合，

　②個人，組織，コミュニティの積極的なメンタルヘルスと予防の推進，

　③個人のもつ積極的適応力に焦点をあて，個人のエンパワーメントの援助，

　④異文化への気付きと理解などを，

独自な視点としてその将来像を示した。

　そして，勧告のなかで，カウンセリング心理学の発展に必要な条件として，

　①カウンセラーとしてのコンピテンシィの育成，

　②能動的・積極的姿勢，

　③関連領域との協力体制作りなどが指摘された。

　ヘプナーらは，「多文化，多様性問題とどのように取り組むか」がカウンセリング心理学にとって重大な課題となったことは，今までの歴史の中ではみられない，この時期固有の特徴であると述べている。カウンセラーにとって重大な課題は「社会の多様化，アメリカ社会の多文化化にどのように貢献できるのか」という課題である。今まで若者が主たるターゲットであったカウンセラーおよびカウンセラー教育者にとって，この時期の社会的課題である女性，高齢者問題にいかに独自な対応ができるかは緊急な問題となった。

　また，1980年代以降のアメリカのカウンセラーたち（カウンセリング心理学者ではない）が，従来の職場である教育機関や労働行政機関を離れ，個人開業したり，研修を専門とするビジネス・パーソンとして活躍するカウンセラーが増加することで，人間関係のテク

ニシャン，カウンセリングの一技法のセールス的な活動に積極的になり，多領域の専門家との接触が頻繁になるにしたがって，カウンセラーたち自身が独自性を失いだした。たとえば，コーチングやメンタリングなどもカウンセラーたちが関与して発展してきたため，カウンセリングとの識別が困難になっているのが現実である。両方とも個人のエンパワーメントを助成する意味では共通しているが，その目的は明らかに異なるにもかかわらず，実践の過程でカウンセリングの技法が用いられているために，区別がつかなくなり，だんだんカウンセリングの本来の目標が忘れられ，他の関連プログラムのための技法としてしか存在意義が認められないような状況が起きてきたことは事実である。同様のことは日本においても見出される。

P. ペーターソン（Peterson, 1976）などは20年以上前から，カウンセラーがテクニシャンになることへの危惧をもち，専門家は単なる熟練したテクニシャンとは違うことを主張し，科学と実践を融合させる科学者－実践家モデルを提唱してきた。このモデルがこの時期にカウンセラー教育の重要な柱となったのである。

5　発達を促した要因

カウンセリング心理学の前史としてのガイダンス・カウンセリングの時代からカウンセリング心理学の発達の経過を概観してきたが，その発達史から明らかになることは，現代的概念をもつカウンセリングを産んだのは，心理学の理論や研究ではなく，20世紀初頭のアメリカにおける急激な社会的・経済的変化とアメリカ文化の背景にある民主主義的ヒューマニズムであったことである。心理学はそれを独立した一専門分野として育て，さらに発展させるのに貢献したのである。カッツ（M. Katz）は，カウンセリングのルーツの1つ

である職業指導（キャリア・ガイダンス）の発達について記した論文のなかで，同様のことを次のような文章にまとめている。すなわち「職業指導は，経済を父とし，イデオロギィを母とし，一時期教育界を住家とし，心理学を友として育った」と（Katz, 1973）。

カッツの言う「職業指導の両親（社会・環境の変化とイデオロギィ）と友人（心理学）」が，職業指導の時代にとどまらず，カウンセリング心理学として成長したあとでも，カウンセリング心理学を発展させ，かつ独自性を発揮させるために貢献した要因であることを忘れてはならないと思う。

(1) 社会の複雑化・多様化

カウンセリングのルーツの1つが世界大戦後の社会状況であったことを紹介したが，カウンセリング心理学の発達史全体をみると，特定の社会的出来事だけではなく，過去100年の間にアメリカ社会全体が経験した変化の影響がいかに大きかったかが明らかである。

カッツは「当時の社会の経済」がガイダンスを産んだと述べているが，同様のことを代表的なカウンセリング心理学者の一人であるL. タイラーは次のように述べている。すなわち，「社会が複雑になり，可動性に富み，かつ，豊かになればなるほど，カウンセリングは社会のなかで必要不可欠となり，その役割は重要になる」と（Tyler, 1969）。そして，社会の複雑化によってもたらされた変化のうち，次のような現象がカウンセリングの発達に影響を与えたとしている。すなわち，

　①職業界と経済体制の複雑化，
　②生活様式の急激な変化とそれによる不安定感，
　③精神的支えや信念の喪失，
　④大都市への人口の集中化とともに強まる隣人への関心の希薄化と助け合いの精神の欠乏，である。

社会の複雑化・多様化とカウンセリングの発展と関係はその誕生期や1960年代にとどまらない。E. L. ハーとS. クレイマーは，1960年代後半から強まった「アイデンティティ（自己同一性）社会」到来がカウンセリングを発展させたと述べている。アイデンティティ社会とは，簡単にいえば，「私とは誰なのか」を把握することが，人生を左右する鍵になる社会，ということであり，社会の複雑化，多様化がもたらした現象と言われている。アメリカ社会ではますますこの傾向が強まると予測されている（Herr and Cramer, 1988）。

1970年以降のアメリカは，ヴェトナム戦争への参戦と敗北，市民権運動の他にも，高度技術革新が，伝統的価値への懐疑とA. トフラーの言う「情報過多」とを経験したことも特徴である。急激な情報過多は皮肉にも同時に情報不足をも招いたと言われる。つまり，人々は，マスメディアを通じて耳新しい情報が即座にかつ一方的に伝達されるので情報通にはなれる。しかし，多種多様のあふれる情報のなかから，自分に必要なものを選び，それを役立てる力がないかぎり，その人にとっては，情報がないのと同様の状態に陥る。自分に必要な情報を選び出すためには，自分が何を何のために必要とするかを知らねばならない。要するに，情報過多で，かつ伝統的価値観が崩壊しつつある時代に，自分らしく生きるためには，「自分を知る」ことが必要不可欠の条件となったのである。その意味で，アイデンティティの確立のための援助が必要となる社会が生まれてきたのである。このような要求がカウンセリングの独自性を明確にするのに貢献し，カウンセラーの活動領域を拡大させる結果をもたらしたと言えよう。

社会の変化がカウンセリングの発達と強い関係にあることは，その過去の歴史にのみ見られることではなく，90年の歴史を通して一貫して流れる特徴なのである。さらに，将来もそうであろうと推測

されるのである。たとえば，かつてカウンセラーの主な関与対象は青少年であったが，現在では，中・高年齢者，中年婦人，死期を迎えた人にまで広がった。カウンセラーが取り組む問題も，職業問題や情緒的適応問題から，家族関係，離婚，鍵っ子，児童虐待さらに，エイズ，災害問題へと広がり，その活動のしかたも問題対処からアルコール依存症防止や退職準備教育，親業などの教育的活動へと拡大し，新たな社会運動が起こるたびにカウンセラーの必要性が強まるとさえ言われる。

　社会学者のA. トフラーは，著書『未来の衝撃』の中で，将来の社会の変化が人間に与える影響を予測する中で，カウンセリングの必要性を次のように述べている。「たくさんの人が，直面するこの困難きわまりない変遷の時期をのりきるのを助けるために……地域社会にいる特別の専門家でない人々が『危機カウンセラー』として援助活動をせざるをえなくなるであろう」と (Toffler, 1982)。

　われわれは現在単なる情報化時代ではなく，インターネットに代表されるIT時代，マルチメディア時代に生きている。われわれは情報は多いほどよいという前提に立って，その質と量に関心が向きがちであるが，こうした情報の伝達手段の変化がわれわれの行動に大きな衝撃を与えていることに余り注目していないのではなかろうか。哲学者の宇波彰は，現代のマスメディアの支配が現代人の人間関係のあり方を変容させ，個人の孤立化をもたらしたことを指摘し，次のように述べている。「かつては，情報は人間相互の直接的な言語作用によって伝えられた。しかし，今日では，情報は多くの場合何らかのメディアを媒介にしてでなければ伝わらない。……新しいメディアの発達によって，コミュニケーションは格段の発展をしている。しかし，それは『情報』の一方的な伝達に過ぎず，人間相互の精神的なつながりの強化をもたらすものではない」（宇波，1996）。さらに，若者が自由に操作でき生活の一部としているパソコンも自

動車も、自分だけの時間と空間を楽しむことを助長させる。こうして、1940年代以降の技術革新は現代人が共同体や家族の束縛を逃れて自由になれるのにも貢献してきた。しかし、現代人はその自由と引き換えに力を失ってしまったと警告を発している。宇波はドイツの社会哲学者アドルノ（T. W. Adorno）の「家族の束縛を脱して『自立』したと思い込んでいる現代人が、実はそれによって自分の力を失ってしまった」という指摘をうけて、こうした現象が「ことばをかわす相手を失ったことと深く関連している」と分析し、マスメディアが発達すればするほど、各個人が他者と言葉を交わせる力を回復しなければならないことを示唆している（宇波, 1996）。マルチメディアの時代に生きるわれわれにとって、彼の警鐘は、言葉を媒介として個人の自立を援助する事を目的とするカウンセラーの現代的存在意義を改めて問い直すものとなるであろう。

(2) 民主主義の理想の追求

なぜカウンセリングが社会の変化と深く関わってきたかを理解するためには、もう1つの要因に注目する必要がある。それは、「カウンセリングはイデオロギィを母として誕生した」というM. カッツの言葉である。すなわち、民主主義の理想の追求というアメリカ社会の価値観がカウンセリングの母であり、これこそ、カウンセリングの基本理念と関係すると言われている。

たとえば、カウンセリングの発達を文化人類学的角度から分析した、文化人類学者のヘーベル（E. A. Hebel）は、アメリカ文化の根底にある4つの価値観の組み合わせがカウンセリングを発達させたと結論づけている。その価値観とは

　①社会的・物質的状態は常に改善し進歩させることができるという信念。
　②人間は、自分の運命を自分で導けるという信念。したがって

偶然や神秘主義ではなく、科学的手段をとろうとするし、行動することを重視する。
③人には皆、個人的に満足でき、かつ社会的に有益な方法で自分を生かす機会がなければならないという機会均等の精神。
④未来の変化を信じる傾向。アメリカの価値体系では未来のことが中心になっているため、黄金時代は常に未来にあるという信念と、未来の変化をあてにする傾向、である（Wrenn, 1962）。

(3) 心理学の発展

再度、M. カッツの言葉を引用すると、カウンセリングは「心理学を友として成長した」のである。心理学は、カウンセリングを産んだのではないが、その成長に貢献したのである。たしかに、ガイダンス・カウンセリングからカウンセリング心理学への移行、そして専門職としてのカウンセラーの誕生は、心理学の影響なくしては実現しなかったかも知れない。

カウンセリング心理学誕生の直前、すなわち、1930年代から40年代は、アメリカ心理学史においても重要な一時代といわれている。それは、アメリカの心理学者がヨーロッパに留学したり、ナチスの迫害を逃れたヨーロッパの心理学者がアメリカに移住してきたりして、アメリカの心理学がヨーロッパの心理学の影響を受け、大きく飛躍、発展したからである。その歴史的意義は、現在の応用心理学の各領域（臨床心理学、発達心理学、社会心理学、産業心理学など）の発展を促した基本的理論と研究の多くが、この時期に構築されたことからも明らかである。ちなみに、心理学の古典とよばれる書物の多く（たとえば、G. W. Allport 1937 *Personality: A Psychological Interpretation*；A. Freud 1936 *The Ego and The Mechanisms of Defense*；H. A. Murray 1938 *Explorations in Personality*；M. Sherif

1936 *The Psychology of Social Norms*）もこの一時期に集中して出版されている。

　職業カウンセリング・ガイダンスを主要な仕事としていたカウンセラーたちの間でも，心理測定だけでなく，個人の行動の動因やメカニズム，パーソナリティの発達などに関する理論や研究，神経症の診断法や治療法などに関心をもつ人が増だした。そして，心理テストの結果と情報との結合という仕事の仕方の不十分さに気付きだすとともに人間行動の一部としての選択や適応への関心が高まっていった。

　また，カウンセラーと心理学との交流が広がる過程で，この時期に，当時のカウンセリングの理論不足も心理学者の間から指摘されだした。外部からのこうした批判を受けて，当時各地の大学でカウンセラーの教育にたずさわっていた人々は，心理学を基盤としたカウンセリングの理論化とその研究に着手しだした。たとえば，プロクター，ベネフィールド，レンら（W. M. Proctor, W. Benefield, and G. Wrenn）は1931年に，すでに心理学的過程としてのカウンセリングという概念を中心として，カウンセリングと職業ガイダンスの新しいアプローチを提唱した。E. G. ウィリアムソン（Williamson, 1939），J. G. ダーレィ（Darley, 1937），ロジャーズ（Rogers, 1942）は，それぞれカウンセリングに関するアプローチと調査研究結果を発表している。このような，理論化の過程で，後の時代への影響の大きさという点で，ロジャーズの『カウンセリングと心理治療』（1942）の出版を，再度ここで指摘しておかなければならない。その影響についてはすでに述べた（22，36ページ）通りである。

　カウンセリングへの影響という点から，この時代の心理学の発展のなかでもう1つ指摘しておきたいことがある。それは心理テストと相反する2つの動きがおきたことである。1つは，ソーンダイク（E. L. Thorndike）の10年追跡研究などに代表される，適性検査の

予測妥当性に関する実証的研究に基づいた反適性テスト的雰囲気が生まれだしたことである (Bradley, 1978)。他方，もう1つの動きとして，因子分析などの統計手法の発展により，それを応用したバッテリィタイプの心理テストや興味や欲求を対象としたテストの開発が盛んになったことである。パーソナリティ理論などの影響とともに，心理測定の方面でのこのような動きもカウンセリング心理学の誕生の大きな原動力となっていることは明らかである。

第3章

カウンセリング心理学の独自性

　前章では，アメリカにおけるカウンセリング心理学の発達史を概観した。そこで明らかになったのは，カウンセリングの定義が，学者や理論によって異なるだけではなく，オピニオン・リーダー的存在であるアメリカ心理学会においても検討が繰り返され，変遷を遂げてきたということである。そうした努力を通して，カウンセラーたち自身にとっても，社会に対しても，専門分野としてのカウンセリング心理学の独自性の明確化になっていったことは事実である。その意味で，カウンセリング心理学の歴史は，カウンセラーのアイデンティティの探求，拡散そして確立の過程でもあったといえるかもしれない。
　しかし，カウンセリングの概念や定義が変遷を遂げたといっても，それはカウンセリングの独自性が変質したということではない。そ

れを通して，アイデンティティの確立がなされたということは，むしろ，変化のなかに一貫した特徴，つまり時代を超えて変わらない独自性が鮮明にされていったのである。

そこで，本章では，その歴史を通して，カウンセリング心理学者達のアイデンティティの基盤となっていた「理念」と「隣接領域との関係」の2つの角度から，その独自性を考えてみたい。

1　背景にある理念

アメリカにおいて，民主主義の理想の実現がカウンセリングを発展させる大きな力になってきたことは，すでに指摘した通りである。しかし，民主主義の理念は，カウンセリングのみに影響を与えたわけではない。アメリカ社会のあらゆる側面に影響を与えてきたというべきであろう。そこで，カウンセリングへの影響をもう少し具体的に考察してみたい。

(1) 個人尊重の精神

レン（G. Wrenn）は，学校カウンセラーの雇用を促した背景を説明するなかで次のように記している。「アメリカ人教師は，各生徒を，未来に向かって絶えざる進歩の希望を表現する一人の個人として，また，集団のなかに沈むべきでない個人として考えるように要求されている。……この任務をもって，大部分のアメリカの中等学校，並びに小学校は，その援助として学校カウンセラーを雇用している」と（Wrenn, 1962）。

別の言い方をすれば，「個人尊重」と「すべての人は人格としての尊厳をもつという人間観」がカウンセリングを貫く精神（Spirit）であるということになる。当然のことながら，これは学校カウンセリ

ングにのみあてはまることではない。リハビリテーション・カウンセリングの哲学的背景を述べたビッター（J. A. Bitter）も同じ表現をしている（Bitter, 1979）。

さらにビッターはアメリカにおけるリハビリテーション活動の理念を形成している3つの原則として，

①「人は皆異なり，ユニークである」という人間観。

2人と同じ人は存在しない。それは単に，障害の程度，能力などの心理的特性のみならず，欲求，目標，物事への取り組み方など，すべての面において人は完全に個々別々である。したがって，リハビリテーション計画は別々でなければならない。

②すべての人に，機会均等が保証されなければならない。

だからこそ，障害をもつ人には特別な援助を提供するのが義務である。

③人は統合された1つの総体的存在である。

個人は，心理的，身体的，職業的，経済的，社会的，文化的等さまざまな側面をもつが，それらの集まりからなっているのではない。人は完全な1つの統合体である。すべての側面は相互に関連しあい影響しあっていて，その一部だけ切り放すことはできない（Bitter, 1979）。

(2)「環境（現実社会）の中に生きる個人」に注目

アメリカでカウンセリングが生まれた社会的背景を眺めたわけであるが，そこで明らかになったことは，カウンセリングは，高度経済成長で国力が強化され，工業化の道を進むなかで，個人の人権を脅かす可能性を含む社会的・経済的構造を警戒し，人間性の回復を叫び，人格の尊厳を守ることを目的として生まれた活動であるということである。カウンセリングは，その起源から現在に至るまで，個人を「社会の変動で見失われたり，集団のなかに埋もれてはなら

ない存在」という理念に立つ。その背景には、「人は、真空地帯に生きているのではなく、誰でもさまざまな環境との相互関係のなかで生きている」という人間観がある。それらの環境の影響はおうおうにして個人のコントロールを越える。だからこそ、主体的に生きるためには、個人個人が環境の変化の波のままに右往左往させられるのではなく、できるだけ主体的に生きられ、環境とよりよい関係を保てるようになることである。たとえば、日本経済の状況が就職難の不安をかきたて、ある学生は不眠症に陥ったとする。この場合、その経済状況や企業の態度が原因であっても、それらを直ちに改善させることはできない。それらは個人のコントロールを越えることである。そこで、当座個人にできることは、そうした状況からネガティブの影響をなるべく受けないようにすることである。その意味は、環境からの逃避ではなく環境を現実的に認知し、対処方法を考えることによって、その影響をコントロールするということである。したがって、カウンセラーの問題の捉え方は、個人の深層の心理的力よりも、個人とその環境（対人的、対社会的など）との葛藤という角度により重点をおく。また、援助の目標も、個人が現実（環境）のなかでその人らしく生きることにおくために、自己および自分の生きる現実を認知し、それと対面し、現実と取り組む能力を育てることにおく。

なお、ここで再度1987年に開催された第3回カウンセリング心理学会議の勧告を思い起こしていただきたい。「カウンセリング心理学は、個人およびその行動を、社会文化的文脈のなかで捉える」（p. 426）ことを、その独自性として、強調したことをである。

(3) 人格の尊厳の意味

個人尊重とは最近よく耳にする言葉であるが、その意味するところは必ずしも明確に把握されているわけではない。個人尊重とは

個々の人のユニークさを尊重することである、ということは言葉としてはわかっても、それを行動で実現するのは容易ではない。カウンセラーのなかには、「個人の尊重とは、個性をそのまま認めることであるから、相手の言うとおりにすることである」と解釈し、クライエントの希望をすべて実現させようとする人もいる。そういうカウンセラーは、残念ながらクライエントの不適応行動を助長し、成長を妨げていることに気付かないこともある。

　個人尊重とは、「人格の尊厳性」を最優先する思想である。したがって、人格の尊厳性の意味を理解することが重要である。そのためにはまず人格の原語であるペルソナ（persona）という語に内包される概念を知るのが近道であろう。古代哲学者のボエチウス（Boethius）は「ペルソナとは理性的本性を有する個別的実体」と定義し、中世の哲学者、トマス・アクィナス（Thomas Aquinas）は、ペルソナの本質的要素として、「理性的」と「個別的」の他に、さらに「非譲渡性」という特性を加え、その定義を完成した。カウンセリング心理学者の小林純一は、アメリカで起こったカウンセリングの根底にある人格の概念を次のように記している。すなわち、

　(a) 人格は、そのものとしての存在論的価値を有する存在である。

　(b) 人格の尊厳性は、それが自己自身を認識することができ、人間性から生ずるすべての行為の究極的主体であると同時に、自分自身において存在し、自分自身のために存在する自立的存在であるということにある。それとともに、人格は、他人から離れて独立して自立する存在である。

　(c) 以上のことから、各人は『自分が自分を認識することができる』ということ、すなわち、『自分は何であるか、何をしようとしているか』を知ることができる存在である。このことは、自己尊重、自己認識、自己探求という概念を含む。

　(d) したがって、『自分は自分で決定し、これに対する責任をと

る存在である』ということも認識する存在である。すなわち，自己決定，自己と他人とに対する責任が人格の特徴になる。

　(e) さらに，人格は，以上の諸点から理性的本性と自由とを所有していることを知る」(小林，1979)。

　したがって，「個人の人格の尊厳性」を最優先する価値体系をもたない文化圏においては，このような過程を経てアメリカで発達したカウンセリングは受け入れられないかもしれない。日本の場合，基本的人権擁護の現憲法の下にあって，特にアメリカと同様の経済的高度成長を経て，人間性の回復が叫ばれる社会的変動を経験している現在，さらに，今後ますます複雑化する日本社会を考える時，個人の人格的成長を援助するカウンセリングはますます必要になっていくであろう。社会が変動し複雑化するとともに，カウンセラーの機能や仕事の内容も変化するであろうが，個人の尊厳を守るという精神は不変でなければならない。このような意味において，個人の全人的成長と発達に寄与することをねらうカウンセリングは，単に精神障害や異常行動に焦点をあてるのではなく，個人が各々の人生を建設的かつ創造的に生きていくために必要とする心理学的援助過程であり，それは老若男女を問わず，すべての年齢層の人々を対象として行われる活動なのである。そして，カウンセリングは，進路選択，結婚，人間関係，環境への適応，神経症，精神病，身体的諸障害などに関する諸問題から，生きがいの問題に至るまで，人間が発達の過程で直面するあらゆる課題問題に関わるものである。

2　隣接領域との関係

　20世紀後半以降，人々のウェルビーイングを究極的目標に掲げ，

個人あるいはグループを援助する活動の専門化が進み，それらに関与する専門職が細分化され，職業名の異なる類似の職種や資格が増加している。また，平等と個人の尊厳への関心が強まるにつれて，援助的仕事に従事する専門家の教育においても，援助者と被援助者との関係の質が重視され，専門家主導の指導から，被援助者の主体性を尊重する指導へと専門家の態度を方向転換することが叫ばれた。そうした背景のなかで，援助者と被援助者の関係の質の重要性を真っ先に主張したのがカウンセリング心理学者のC. ロジャーズであり，さらに彼は，クライエント中心カウンセリング理論を展開させるなかで，そうした関係の質を発展させるのに必要な条件の内容（態度）を明示した。ロジャーズは，人間関係の質の重要性はカウンセリングにとどまらず，あらゆる対人的専門職には必要であると述べたように，カウンセラー以外の専門家たちもロジャーズの提唱した対人関係樹立のために不可欠な態度を学習するようになった。彼の影響はあまりにも強烈であったため，カウンセリングとはすなわち人間関係作りであるという解釈まで生まれ，対人接触を土台とする専門職の人々（例：看護士，教師，ソーシャルワーカーなど）が行う活動はみなカウンセリングであるという解釈も生まれた。実はイギリスにおいても同様のことが起きたようである。そのため，カウンセリング心理学を独立させた1996年には，カウンセリングは人間関係以上のものであるとわざわざ明記したほどである。

　このように，日本においては，カウンセラーという専門職の確立よりも先に，その中核的機能であるカウンセリングへの関心が高まり，個人の福祉や成長を支援することを究極的目標とするさまざまな専門職の人々がカウンセリングを学習し，それぞれの専門活動のなかで，特に直接人と接する場面で応用してきた。その結果ますますカウンセラーの独自性やアイデンティティの確立が遅れてきてしまった。そしてカウンセラーを支えるカウンセリング心理学の独自

性の明確化も遅れてしまったと思われる。

また，人間を取り巻く環境が複雑化の一途をたどっている状況は，専門領域の分化を促進させてきたが，それぞれの目標を達成するためには専門家間のネットワークの必要性を高めることとなり，さらにあまり専門を細分化させた結果，専門領域間のボーダーレス化も招き，それぞれのアイデンティティが問題となっている。

現時点では，D. A. バッカル（Bakal, 1979）が指摘しているように，「それぞれの専門とは，それぞれ独自の視点と方法で物事を捉えていることが重要なこと」であるので，カウンセリングと混同される類似の活動や隣接する他の分野との相違を明らかにすることによって，カウンセリング心理学の専門性を明確にしておきたい。

(1) カウンセリングと心理治療

第1章の「カウンセリングをめぐるさまざまな反応」のところでも取り上げたように，日本において，カウンセリングは，心理治療あるいは心理療法との区別はほとんど行われてこなかった。一番大きな問題は，いままで，両者が同一の活動の別名なのか，それとも異なる活動なのかを十分討議しないで，不明のまま放置されてきたことである。

筆者は，言葉が違うということは両者の間に相違点がある証拠であるという立場で，両者を区別している。また，アメリカ心理学会をはじめ，ほとんどの国においても両者は区別して用いられている。かつて，D. E. スーパーは，両者の混乱の一因がC. ロジャーズにあると語ったことがある。つまり，ロジャーズがその著書『カウンセリングと心理治療』のなかで，「自分はカウンセリングと心理治療を同意語として使う」と述べているからであるというのである。ロジャーズは自分のパーソナリティ理論に基づいて両者を区別する必要はないと言ったのである。同時に，心理治療が医者の領分であっ

た当時，心理学者であるロジャーズは，カウンセリングと称して心理治療を行わざるをえなかったという社会的背景があったことも忘れてはならない，というのがスーパーの意見である。カウンセリング心理学の発達史の中でも見たように，ロジャーズの貢献と影響はどの理論家よりも大きかったが，その影響の一つがカウンセリングと心理治療との関係をめぐる葛藤をもたらしたことでもあったとも言えよう。

そこで，両者の共通点と相違点を要約しておきたい。

①共通点　カウンセリングと心理治療は次のような共通点をもつ。すなわち，両者とも，
* 心理的な専門的援助過程である。したがって，その実践家は専門的・体系的な教育を受ける必要があり，その行為は明確な目標をもち，客観的に評価できる。
* クライエント（カウンセリー）は，解決すべき心理的・行動的問題をもっている。
* 面接という手段を用いる。すべての心理治療が面接を用いるわけではないが，面接を用いる場合もある。また，カウンセリングと面接は同意語ではなく，面接を主な手段とする。
* さまざまな援助行動（技法）を用いる。カウンセリングにおいても，カウンセラーは対話を通していろいろな技法を用いる。

②相違点　両者の対象者，問題の重さ，および費やす時間の長さが，両者を区別する要因として指摘される場合が多い。具体的には，「カウンセリングは主に健常者を対象とし，心理的にあまり重度でない問題を扱い，比較的短期間で行われる。それに対して，心理治療は，心理的・情緒的に障害をもつ人を対象とし，心理的・行動的障害を扱い，したがって，長期的な活動である」というような相違の指摘がある。

このような区別のしかたに対して，筆者個人は，クライエントを

健常者か否かとか，問題が重いか軽いか，援助にどのくらい時間がかかるかは，カウンセリングなり心理治療なりが終了した時点ではじめて明らかになることであり，実践者と来談者がはじめて会い，実践者が介入行動を開始する時点ではそれらを見極めることは不可能に近いのではないかと考える。筆者は，対象者の問題の重さや費やす時間の長さよりもむしろ，両者の違いは，実践者の「介入行為に対する視点」にあるのではないかという立場をとる（渡辺，1994）。

すなわち，カウンセリングは，発達的視点に立って，成長と適応という個人の積極的側面に強調点をおき，環境の中で効果的に機能できるようになること，言いかえれば自立することを目的とするのに対して，心理治療は，治療的視点に立って，障害や問題を軽減させることを目的として，個人の援助を行う。したがって，カウンセラーも治療を行わないわけではない。しかし，治療を行う場合であっても，カウンセリングの一部として「個人の発達をうながすステップとして」行うので，問題の除去で終わらず，その後の自立のための意思決定過程を重視する。

また，最近では，カウンセリングは，主として「環境と交互作用する個人の側面」に焦点をあてるのに対して，心理治療は主として「個人の内的環境」に焦点をあてるという重点のおき方の違いも指摘されている。

(2) カウンセリング心理学と臨床心理学

日本では，カウンセリングと心理療法との違い，カウンセラーと臨床心理学者あるいは臨床心理士との違いが明確にされていない。両者は，心理学を背景としており，個人の精神的・心理的適応問題を取り扱う専門的援助活動であるという意味で，確かに非常に似ている。アメリカにおいても両者の関係が混乱のもとであった。しかし，1951年以来，アメリカではカウンセリング心理学は独立した心

理学の一分野として公式に承認されている。その理由は，カウンセリング心理学は臨床心理学とは違った角度から，個人の適応問題にアプローチしてきたからである。

イギリスにおいても学会は両者を区別し，それぞれの独自性を明確に記述している。その内容はアメリカのものと極めて類似していることだけを指摘しておきたい。

ここで，代表的な論文において両者の違いがどのように扱われてきたかをみてみたい。まず最初に1955年に発表されたスーパーの論文を通してカウンセリング心理学の独自性をみてみたい。スーパーは，1951年に，アメリカ心理学会が，それまでの「カウンセリングとガイダンス部会」という名称を「カウンセリング心理学部会」と改称したとき，カウンセリングの定義に関する委員会の一員として活躍した学者である。

スーパーは，カウンセリング心理学部会の機関誌『カウンセリング心理学』の創刊号に，「職業指導からカウンセリング心理学への移行」と題する論文を発表し，そのなかで次のように述べている。すなわち，

「臨床心理学もカウンセリング心理学もともに，心身障害者や不適応者のみならず，すべての人を対象にする。しかし，彼らに対する関与の仕方において違いがある。前者は精神病理学的診断と治療に関与する。つまり，心理的問題をもつ人はもちろん，そういう問題をもたない人についてさえ，その人のなかにある異常性および表面化していないが不適応問題を起こしうる隠れた問題や傾向に焦点をあて，それらの問題傾向を診断し，それらを変容・除去することに関与する。

他方，カウンセリング心理学は，予防・衛生に関与し，異常傾向や問題をもつ人の場合であってさえ，その人のうちにある正常性に注目し，個人がこの複雑な世界のなかで遭遇するさま

ざまな事態に効果的に対処し自分の路を見出していくのを援助する。たとえば，心身に障害をもつ人の場合でも，その人のもつ個人的・社会的資質と適応への力に焦点をあてる。つまり，問題の除去や問題傾向の変容よりも，個々人が自分の資質を最大限に生かし，自分の環境を利用して，よりよく適応・成長するのを援助することに関心をもつ」(Super, 1951)。

ここで強調されていることは，臨床心理学とカウンセリングとの違いは，対象者にあるのではなく，個人をみる角度の違いであり，したがって，個人への関与の仕方に違いがあるということである。そして，カウンセリングの特徴として「個人がこの世界のなかで遭遇するさまざまな事態に効果的に対処し自分の路を見出していく」ことと，「自分の資質を最大限に生かす」ことを援助する点を強調している。

スーパーがこの論文を発表してから25年経た1981年にアメリカ心理学会が発表した「心理学的援助活動実践のための指針」のなかでは，カウンセリング心理学者と臨床心理学者の活動の特徴について，次のようにまとめている。

「カウンセリング心理学者は，個人が一生涯にわたる発達的過程を通して効果的に機能するのを援助することを目的とする。そして，その援助活動の実践にあたり，成長と適応という個人の積極的側面に特に強調点をおき，かつ，発達的見解に立つ。具体的な援助活動の内容は，人々が，個人生活および社会生活に必要な技能を身につけたりそれを改善したりすること，この変動する社会に適応する力，環境的変化に対処する力や態度を向上させること，さまざまな問題解決能力や意思決定能力を発展させることなどを目指すものである。したがって，カウンセリング心理学者は教育・進路選択，仕事，性，結婚，家庭，その他の対人・対社会的関係，健康，高齢化，社会的・身体的障害などに関係する問題と取り組むあらゆる年齢層の人

を対象とする」。

他方,臨床心理学者の心理学的援助活動の特徴としては,「知的・情緒的・心理的・行動的障害や問題を把握し,予測し,かつ,それらを軽減することを目的とする」(APA, 1981)。

以上,2つの代表的論文は,カウンセリング心理学の独自性に関して,表現は異なるが,指摘している内容においては一致している。すなわち,それは,カウンセリングの目標は,問題行動の除去や治療ではなく,よりよい適応と成長,および個人の発達を援助するということである。そして,たとえさまざまな障害をもつとしても,また,その速度に差があるとしても,「人はみな発達する可能性を有する」,しかし,その発達は自然に起こることではなく,それを促進させる準備体制が必要であるし,内的・外的要因によって発達が妨げられたり遅れたりする可能性もある。したがって,個人の発達を促進するさまざまな支援が求められる。カウンセラーはそのような視点にたって行動するのである。

スーパーはかつて「予防・衛生」とか「すべての人のなかにある正常性」という表現をし,アメリカ心理学会は「個人の積極的な側面に強調点をおく」とか「発達的見解に立つ」という表現を用いているが,言わんとするところは同じである。要するに,カウンセラーと臨床心理学者との違いは,問題行動の治療を行うか否かとか,心理的問題の治療をするかどうかという問題ではなく,カウンセラーは治療を第一義的目標としないということである。つまり,治療が必要であり,カウンセラーがそれを行う能力をもっていれば行うが,それは「個人の発達を促す」という目標への一ステップと位置付けるということである。問題の除去や治療を通して,クライエントが問題解決の仕方や能力,スキルを身につけることにカウンセラーの関心は注がれるのである。他方臨床心理学者や心理治療は,むしろ診断と治療を本来の目標としている。アメリカにおいてはこ

うした違いは，両者にかかわる専門家教育の内容に明確に反映されている。

(3) 学校心理学

日本における学校心理学は，カウンセリング心理学と非常に類似した状況にある。学校心理学は，アメリカ，中央および北ヨーロッパ諸国，イスラエルなどでは専門分野となっているが，日本ではいまだ発達途上にある（石隈，1999）ということ，原語であるスクールサイコロジィ（school psychology）に学校心理学という日本語をあてはめたとたんに，「学校場面における行動や事象を対象とした心理学」という，日本流の解釈がなんとなくできあがってしまったことである。学校心理学とは，石隈利紀によると，「学校教育場面において学校心理学の専門家が行う心理学的援助サービスの理論と実践を支える学問体系」（p. 36）である。教育心理学も学校教育における人間の行動の研究を目的とする心理学の一分野であるので，学校教育場面での心理学的援助サービスというだけでは，区別が困難となり新たな混乱が生じかねない。そこで，学校心理学の独自性を把握する鍵は，上述の定義のなかの「学校心理学の専門家による機能」の独自性であると思う。では学校心理学の専門家の行う心理学的援助サービスは，学校カウンセリングの専門家（学校カウンセラー）とどのように異なるのであろうか。

アメリカ心理学会（APA, 1981）のガイドラインによると，①児童・生徒の心理学的，心理教育的評価とアセスメント（スクリーニング，主として知的機能，認知的発達，情緒的行動，神経心理的状態などに関する心理教育的検査の実施，面接，行動観察を通して，専門的診断と判断を下す状況に関与する），②個々の児童あるいは集団の機能を促進するための介入（特殊教育の利用計画と評価，心理教育的治療，カウンセリング，情緒的教育や対処行動の改善のプロ

グラムなど),③教師や保護者のコンサルテーション,④特殊教育および普通教育に関するニーズ分析,児童のメンタルヘルスと教育的ニーズに関する行政諸機関との連携などに関するプログラム開発,と説明されている。専門家の機能のカテゴリィだけをみると表面的にはかなりカウンセラーと共通しているように思われる。しかし,実際の学校心理学者の理念や仕事ぶりをみているとカウンセラーとは異なった特徴をもっていることは明らかである。要するに両専門家の活動の目指す目標や対象において独自性があると考えられる。アメリカ心理学会のガイドラインによると,学校心理学は,「就学前から高等教育機関に至るまでのさまざまな教育場面におけるクライエントに関与し,彼らのメンタルヘルスの予防と促進,および学習の促進を目指す」と述べられているが,具体的には,知的,認知的,情緒的教育において特別な配慮を必要とする児童・生徒を対象と考え,それらの児童・生徒の問題の早期発見と心理的・教育的支援が期待されている。それに対して学校カウンセリングは全児童生徒,学生の心理・社会的発達を促進することを目標としているのである。

　専門分野の独自性はそれぞれの分野のルーツを探ることで把握できるといわれる。学校心理学もカウンセリング心理学もともに心理測定運動,精神衛生運動の影響を強く受けている点では共通しているが,カウンセリング心理学は職業相談とガイダンス運動をルーツにしているところにその独自性があることはすでに述べた通りである。それに対応する学校心理学のルーツは特殊教育である(石隈,1999)。このルーツが両者に大きな違いを作りだしている原因なのである。たとえば,両者とも評価とアセスメントという機能を果たすが,その目的も利用するアセスメントも大いに異なる。コンサルテーションの内容も目的も異なる。学校心理学者の果たす介入機能のなかにカウンセリングとあるが,カウンセリング機能のもつ意味あいは大いに異なる。カウンセラーにとってカウンセリングは多く

の機能の1つではなく，カウンセラーの独自性を出す中核的な機能であり，カウンセラーとしてのその他のいろいろな機能もカウンセリング機能の延長線上で捉え，カウンセリング能力と知識を行動の基盤としている。

また，その発達史をみると，臨床心理学との結びつきが非常に強い点でカウンセリング心理学とは異なる特徴をもつ。学校心理学は「学校における臨床児童心理学」とも言われるように，臨床心理学と強い絆をもっていたことは，学校心理学者の訓練プログラムの内容が臨床心理学と学校心理学の組み合わせで構成されていたことからも明らかであると指摘されている（Vane, 1985）。元来はカウンセリングよりも臨床心理学との近似度のほうが強かった。しかし最近は，臨床心理学の要素を保ちながらも，その範囲を広げ，臨床心理学の枠を離れて，心理教育的サービス，教育プログラム開発，システムエンジニアリングなどとの結びつきを強める方向を取るようになったという（Reynolds et al., 1984）。その意味では，現在日本の学校に配置されているスクールカウンセラーは学校心理学を背景として教育されることが望ましいのではないかと思われる。

本章では，カウンセリング心理学と類似点が多く，オシパウがヒューマンサービス心理学として統合しようと提案した隣接心理学のみを取り上げた。日本ではカウンセラーとの相違が不明確になってきている専門職分野がほかにもいくつかあるようである。たとえばソーシャルワーカーもその1つかもしれない。ソーシャルワーカーの背景であるソーシャルワークは心理学の分野ではないので，混同されるはずはないのであるが，実はソーシャルワーカーの方から，「われわれもクライエントの自立を支援しており，カウンセリングをしている。カウンセラーとどこが違うのか」という声を耳にすることが多い。カウンセリングをめぐって日本と似たような混乱を

経験してきたイギリスでも，同様の問題が起きているようである。たとえば，イギリスのオープンユニバーシティで社会福祉の教鞭をとっているJ. セダン（Seden, 1999）は，ソーシャルワークを背景としながらカウンセラーとしても実践活動，訓練，スーパービジョンをしてきた経験から，ソーシャルワークの実践とカウンセリングスキルの関係について次のように述べている。「カウンセリングの基礎的スキルである傾聴のスキルとか，感情の反映，関係の作り方などのスキルそのものは中立的であるが，それが誰によって，どの組織によって，またどんな価値観と知識のもとで使用されるかによって，その結果は異なる。ワーカーとクライエントの目指すものによって，同じスキルも用いられ方は異なる。ソーシャルワークにおいても，カウンセリングの基礎的スキルはその実践を促進させるのは役に立つが，ワーカーとクライエントの関係の具体的目標と，カウンセラーとクライエントの目指す具体的目標とは異なるのである」と指摘し，ソーシャルワークの仕事で応用できるカウンセリングスキルについて明確な認識と知識をもつことの重要性を訴えている。言いかえれば，傾聴のスキルで代表されるカウンセリングの基礎スキルを実践する能力は同じであっても，どのような目的で，どのような価値観をもって，誰がそのスキルを用いるかで，結果は異なる，ということである。ソーシャルワーカーだからできる独自の支援活動があり，カウンセリングスキルはその活動に積極的な貢献はできるが，クライエントの自立を目指すプロセスは異なるし，支援のありよう全体を支える理念も異なるので，カウンセラーの行うカウンセリングとは同じ結果をもたらすものではない，ということであろう。イギリスも日本もカウンセリングスキルとカウンセリングを混同してきたことが，カウンセリング心理学の独自性を不明確にしてしまったのかもしれない。

第4章

多様化するカウンセラーの機能と働き方

1 カウンセラーの機能

　日本において，カウンセラーを希望する人，あるいはすでにカウンセラーとして働いている人々のなかにも，カウンセラーとは「カウンセリングを専門にする人」あるいは「一対一の個人的関係のなかで，悩みの相談にのる人」というイメージをもつ人が大半である。また「カウンセリング（この場合，多くは個人的な心理治療をさす）をしたいからカウンセラーになりたい」と考える人も少なくない。しかし，カウンセラーがカウンセリングだけをする人という捉え方は，カウンセリング心理学の発達史のごく初期の頃だけである。た

とえば、「学校カウンセラーはガイダンス・プログラム全体の責任者である」という見方は、学校に導入されたとき以来変わらない。カウンセラーはカウンセリングができなければならないが、カウンセリングだけでは、専門家としての目的は達成されないことも明らかである。

ここでもう一度、本書の第1章第4節（14ページ）で紹介した「カウンセリング心理学者（カウンセラー）の任務」について思い出していただきたい。重要なポイントだけ再度ここで要約しておきたい。カウンセラーは、生涯発達的アプローチに立って、成長と適応という積極的な側面に強調点をおいて活動する。したがって、カウンセラーは、発達過程で遭遇するさまざまな問題（教育、職業、進路、性、結婚、家庭、その他の対人・対社会関係、健康、加齢、社会的障害など）と取り組むさまざまな年齢層の人を対象として働き、その一人ひとりが、個人的社会的（パーソナル・ソーシャル）スキルを獲得したり修正したり、対処行動や対処スキルを身に付けることによって、周りの環境や生活上で起こる諸変化への適応力・対応力を高めたり、種々の問題解決能力や意思決定能力を発展させるような視点に立って援助するのである。

では、カウンセラーは、どのような活動を通して、このような目標を実現するのであろうか。アメリカでは、カウンセリング心理学者（カウンセラー）としての専門教育は次のような機能が果たせる内容となっている（Fretz, 1982）。言いかえれば、カウンセラーなら（キャリアであろうがパーソナルであろうが）、当然次のような機能が果たせることが期待される。

①**測定，評価，および診断**　クライエントを理解し、援助するために、行動観察や面接、学力・適性・興味・認知的諸能力・態度・動機づけ・精神神経的状態・パーソナリティ特性、その他援助に役立つ行動的・情緒的側面を評価する評価用具（一般には心理テ

スト）の実施と解釈などを通して，評価と診断を行うこと。

②介入（個別およびグループ）　この機能は，予防，矯正，リハビリテーションを目的として，クライエントに直接介入することを意味し，個別カウンセリングおよびグループ・カウンセリングがその代表的手段である。カウンセラーは，必要に応じて，治療的アプローチやグループ・プロセス，社会学習的アプローチなどさまざまなアプローチを用いることもあるし，心理療法，行動療法，家族療法，バイオフィードバック法，環境改善などの心理学的手法を組み入れることもある。

③専門的コンサルテーション　カウンセラーが他の専門家に対して，自分の専門知識を用いてコンサルタントとしての機能を果たす。具体的には，他の専門家個人を援助する方法，業間研修の開催，組織全体の風土の改善を援助するなどの方法がある。たとえば，学校カウンセラーの場合，特定の生徒の指導について担任の教師の相談相手になる，校内研修会で生徒との接し方とか心理テストの結果の生かし方などを指導する，生徒の間に広まっている問題を解決するために学校全体としての計画作りに参与するなどの働き方ができる。

④プログラム開発　カウンセラーは上述の機能分野ごとに，教育的目的をもったプログラムを開発する機能を果たす。リハビリテーション・センターでのキャリア・カウンセリング・プログラム，学校の進路指導プログラム，発達的視点に立った各種学習プログラム，たとえば，企業における退職準備プログラムやキャリア・ディベロップメント・プログラムなどで代表される雇用者支援プログラム，自治体などが中心で行っている再就職希望の女性のためのプログラム，が日本においても身近のものである。

アメリカの学校カウンセラーは，進路関係の他に，自殺防止，エイズ防止，異文化との接し方など最近生徒の間で起こっている問題

を通して生徒たちの社会的・心理的発達を促がすプログラムの開発と運営の責任者である。大学のカウンセラーは，就職希望者のガイダンス・プログラムやインターンシップ・プログラム，新入生のガイダンス・プログラムなどの開発の責任者でもある。またアメリカの労働行政機関では，失業者のための各種能力開発や自己啓発プログラムにはかならずカウンセラーが関与している。

⑤地域や他の専門機関との関係作り　クライエントにより効果的な援助を提供したり，予防的・教育機能を果たすために，地域にある関連機関（行政機関を含む）や他の専門機関（医療機関や教育機関，企業など）と関係を結び，相互に協力体制を保ち発展させる機能を果たす。そのために，カウンセラーは各機関の間の調整役を果たす。

⑥活動の評価および研究　自分および自分の属する機関の諸活動（上述の①から⑤）の改善を図るために，それぞれの活動状況とその効果性を評価したり，必要な研究を行うこと。

この他に，他のカウンセラーやインターンの学生の諸機能をスーパービジョンすることもカウンセラーの仕事である。しかし，これは，責任者としてのポストにあるカウンセラーとか，かなりの経験を積んだカウンセラーに求められる任務であるので，ここでは除外する。

ちなみに，コミュニティ心理学者の山本和郎は，地域精神衛生においてコミュニティ心理学者が果たす役割として，次のような5つを紹介している。

①変革の促進者…従来の心理臨床家が行ってきた心理治療，カウンセリング，家族療法やグループ・アプローチ，集団療法の実践，さらに各種環境の変革，社会制度やサービスシステムの変革などに携わる。

②**評価者**…従来の心理臨床家の行っているパーソナリティ診断の他に環境への介入を進めていく上で，家族・組織などにおける個人と環境との相互作用に関する研究を通して，援助プログラムやサービスシステムの評価を行い，それらの改善に携わる。

③**コンサルタント**…地域社会の主体である地域住民が自分たちで問題解決していけるように専門的立場から協力していく。

④**システム・オーガナイザー**…既存の公的サービス諸機関の関係を調整したり，新たな支援組織をつくるように，地域内にいるリーダーを側面から支援する。

⑤**参加的理論構成者**…地域社会の問題に実践家として取り組み，その経験から得た資料を基礎として研究し，理論構築し，さらにそれを方略論や技術論への明確化をしていく（山本，1986）。

山本が，コミュニティ心理学者の役割として紹介した内容は，表現やまとめ方が若干異なる点を除けば，上述したカウンセラー（カウンセリング心理学者）の機能とほとんど一致していることに気付かれると思う。コミュニティ心理学者は「人と環境の適合を高める」という角度からこのような活動を行うのに対して，カウンセラーは個人の発達という角度からアプローチしていくという違いはある。つまり，同じような活動役割であっても，具体的な働き方や強調点の置き方は異なるであろう。また，それぞれ独自なものがあるからこそ協力が必要となるということがここでも明らかになったといえよう。

2 カウンセラーの職場と働き方

（1）カウンセラーの職場

かつて，D.E.スーパーは「人間のいるところはどこでもカウンセ

ラーの職場となる」(Super, 1951) と述べたことがあるが，その歴史と現在の状況をみると確かにその通りである。アメリカの場合，ボストン市の市民館から始まり，中等学校から，大学，雇用サービス機関（日本の公共職業安定所にあたる）へ，またリハビリテーション機関，医療機関，教会，軍隊，刑務所，産業界，小学校，地域社会，個人開業，さらにホスピス，被災者の施設，災害現場へとカウンセラーの職場は広がってきている。

　カウンセラーの対象者も，10代の就職希望の青少年から出発した。それは今でも中心的な対象者である。しかし，時代の要請に伴い，下は小学生から，復員兵に代表される青年・成人，そして，ミッド・キャリアの中年から高年齢者，さらに死を直前にした人へと広がり，文字通り生涯にわたりあらゆる年齢層の人が対象となっている。

　日本の場合は，カウンセラーが専門職として認められていないこと，およびカウンセラーが臨床心理士や臨床心理学者と区別されていないだけでなく，アメリカでカウンセラーのしてきた仕事を日本ではソーシャル・ワーカーとか教員，保護観察官，看護士，企業の人事・労務担当者などがそれぞれの任務の一部として行うことになっていることが，カウンセラーの職場を特定するのが困難にしている理由である。しかし，最近，教育界，医療機関，公共職業安定所，福祉施設，産業界などでカウンセラーの必要性が叫ばれるようになってきた。社会の変化に伴って，日本においても，治療者ではなく，自立を援助するものとしてのカウンセラーは社会のいろいろな場面で必要とされると考えられる。

　そこで，参考までに，アメリカのカウンセラーたちの専門家団体であるアメリカ・カウンセリング学会にどのような部会があるかを紹介してみたい。その多様さから，アメリカにおけるカウンセラーの働き方や職場の特徴と幅の広さをかいまみることができると思わ

れる。

　アメリカ・カウンセリング学会には，西暦2000年時点で延べ5万3千人余りのカウンセラーが17の部会に所属している。17の部会の名称と概略は次の通りである。

　①全国キャリア・ディベロップメント学会…もっとも古い部会であり，当初は「全国職業指導協会」という名称であった。

　②アメリカ学校カウンセラー学会…会員数がもっとも多い部会で，主に中学，高校で働く学校カウンセラーが所属している。

　③アメリカ大学カウンセリング学会…大学で，カウンセリングを含む学生指導の運営に携わるカウンセラーや教員が主な部会員である。最近までアメリカ大学学生指導学会という名称であった。

　④カウンセラー教育・スーパービジョン学会…大学院でカウンセリング教育にあたっている専門家の部会であり，カウンセラー教育プログラムの検討・改訂や倫理綱領作成はこの部会で行われてきた。

　⑤アメリカ・リハビリテーション・カウンセリング学会…リハビリテーション・カウンセラーおよびさまざまな障害をもつ人の生活の改善にかかわる専門家が属している。

　⑥全国雇用カウンセラー学会…連邦および州政府の雇用局の職員と雇用カウンセラーを中心とし，大学・産業界などで雇用や就職問題にかかわるカウンセラーが所属している。

　⑦多文化カウンセリング・発達学会…文化的背景を異にする人々の成長と発達を促進したり，教育の機会の改善をしたり，多数派の人々の異文化に対する態度の変容などにかかわるカウンセラーの部会である。

　⑧カウンセリングにおける宗教・価値観問題の部会…主として宗教界で働くカウンセラーが所属し，信仰の自由，人権，社会正義，霊的成長，世界平和などを含む，宗教的，民族的問題や価値観問題にかかわる活動をしている。

⑨アメリカ・メンタルヘルス・カウンセラー学会…地域社会,産業界,医療機関や個人開業者としてメンタルヘルス・カウンセラーとして働いている人が属している。

⑩軍隊カウンセラー部会…軍隊に所属する人々と復員者のために働いているカウンセラーの会である。

⑪犯罪者・薬物依存者のための国際カウンセラー学会…各種薬物依存者の治療や犯罪者のリハビリテーションの分野で働く学際的な専門家団体として初めての会であり,再発防止と社会復帰,社会適応を援助するさまざまな活動やプログラムの開発と運営を行う。

⑫成人の発達・加齢のための部会…高齢者を含む成人の要求や生涯発達に関係する施設・機関(公私立)で働くカウンセラーが属している。

⑬国際・結婚および家族カウンセラー学会…結婚と家族に関係する問題に関与するカウンセラーの会である。

⑭グループ・ワークの専門家協会…グループという手段を通して,さまざまな年齢層の人に対して効果的な援助活動をすることに関心のあるカウンセラーの会である。

⑮測定・評価学会…専門的なカウンセラーとして効果的に活動するのに役立つ各種心理テストや測定評価法に関するさまざまな研究を行うことを主な目的とする会である。

⑯ヒューマニスティック教育・発達学会…ヒューマニスティック・発達的アプローチの視点から,カウンセリング,教育,管理運営のあり方を検討することに関心のあるカウンセラーの会である。

⑰政府機関のカウンセラー部会…教育・保健省や労働省,国防省,法務省などをはじめとする連邦・州政府機関でカウンセラーあるいは関連の職務についている公務員のための会で,政府機関独自の課題をカウンセリングと教育的視点から研究する(ACA, 1995)。

これらの部会は，アメリカ・カウンセリング学会の50年の歴史のなかで，徐々に増えてきたのであり，今後もまだ増えるかもしれない。ここに産業カウンセラー部会がないのが不思議かもしれないが，それにはいくつかの理由が考えられる。主な理由の1つは，産業界はもともと産業心理学者の活動の場であったこと，第2は，カウンセラー自身が企業よりは個人の福祉の側に立って活動してきたので，産業界の外で働くみちを好んだこと，第3は，職業人のために働いていたカウンセラーは，すでに「キャリア・ディヴェロップメント学会」とか「雇用カウンセラー学会」「メンタルヘルス・カウンセラー学会」に所属することで十分必要な支援や専門家間の協力が得られたからである。

(2) 最近のカウンセラーの働き方──環境に働きかける人

　アメリカにおいてカウンセラーはさまざまな社会的場面で受け入れられ，需要が高い専門職となっている。その理由は，カウンセリング的視点の援助が高まったという社会の状況もあるが，その前に，カウンセラーが社会の状況に応えられるような，独自で，しかもさまざまな機能を果たせるような教育を受けているからである。個人開業するカウンセラーも最近増加しているが，大半のカウンセラーは施設や公的諸機関に雇用されている。そのため，カウンセラーはそれぞれの職場で存在価値を発揮するためには，カウンセラーとしての能力を高めることと同時に，雇用主や管理者の期待に応えることも重要であるといわれる。雇用主や管理者の期待に応えるとは，依頼されることだけを忠実に行うことではない。本当に雇用主や管理者の期待に応えるために，時には彼らと対立することもある。また，カウンセラーとしての倫理に反することを期待されれば当然，カウンセラーとしての倫理の方が優先される。しかし，雇用主がカウンセラーの倫理に反することを要求する場合は，その要求が他の

人々（従業員や生徒，クライエントなど）の人権や福祉，安全を侵害する結果となる場合が多い。もし他の人々の人権や福祉を犯すなら，彼らがそれに気付くように働くことがカウンセラーの役割であるとさえいわれている。

　学校カウンセラーは学校教育の目的を達成するために雇われているはずである。そこで，たとえば，「生徒の学校適応を促進する」ことがカウンセラーに期待されることであったとしよう。生徒の適応を援助することをカウンセラーに求めたきっかけは，不適応の生徒が増加したからかもしれない。彼らの指導が困難だからかもしれない。カウンセラーとしてもちろん不適応で苦しむ生徒との個人面接をすることは大切であるが，もっとカウンセラーとしての存在価値を示しうる活動がある。コンサルタントとして，担任の教師が自分のクラスの生徒と面接ができるように援助することもできるし，教員間の人間関係作りに尽力することで教師間の協力体制作りに貢献することもできる。また生徒との接触を通して，学校の問題点に気付きやすいので，問題が起きる前に，予防的な措置を提案したり，学校の雰囲気を変えるために具体的な行動をとることもできる。

　管理者や周りの同僚はカウンセラーには個人面接だけを期待するかもしれないし，問題をもつ子供の治療だけを求めるかもしれない。しかし，その理由は，カウンセラーについての知識不足にあるのである。カウンセラーが生徒にとっても教師にとっても役に立つそれ以外の活動をすることができることを知れば，喜んでそれを受け入れるであろう。事実，多くの教師は，相談室で生徒が来るのを待っているカウンセラーにはあまり好感をもっていない。自分たちが相談相手になってもらうことを期待している。特に日本の学校は教師が中心であるから，カウンセラーは教師を陰で支えるような働き方がもっとも効果的ではないかと思われる。学校カウンセラーが正式な職業として受け入れられているアメリカの学校においても，縁の

下の力もち的な働き方をしているカウンセラーは少なくない。

なお、こうした働き方は学校カウンセラーに限ったことではない。ここで、アメリカにおけるカウンセラーの最近の働き方を紹介することは、これから受け入れられようとする日本において、意味があると思う。

アメリカでは、「カウンセラーは相談室から出て、自分から積極的に社会に働きかける人」と言われて久しい。カウンセラーは「変化を作りだす人、改革の発端をつくる人 (Change agent)」(Woody et al., 1989) とさえいわれている。個人が問題にぶつかりカウンセラーの援助が必要になるのを待つのではなく、率先して、個人を取り巻く環境の改善を促すような積極的な役割をとることによって個人を援助することが、現代社会におけるカウンセラーらしい働き方である、という考え方である。

組織内や環境内のさまざまな人の声に耳を傾け、その人たちをありのままに観る機会と能力を備えているカウンセラーは、ストレスや不適応の原因にも気付きやすい。また、現状分析に必要な敏感な感受性も備えている。したがって、カウンセラーはクライエントが問題に遭遇して始めて登場するのではなく、問題の原因を取り除くように環境に働きかけたり、原因はそんなに簡単にとり除けないにしても、個々人がそのような環境と取り組むスキルを身に付けるように援助することで、不適応状態に陥るのを防止することができるのである。さらに、予防にとどまらず、人々がもっと充実感をもてる環境と個人のエンパワーメントを促す条件を作り出すことも重要な役割となっている。

「人々の自立を援助すること」をカウンセラーの任務として受け入れるなら、「環境のなかに生きる人」という視点で個人をみる必要があるし、また、環境のなかで生きていけるように援助しなければならない。そのためには、環境が個人にとって生きやすくなるように

変化させることも重要な仕事であるといえよう。

　カウンセリング心理学がそれぞれの時代の変化を肥しに成長してきたことを考えると，変化の激しい現代において，カウンセラーが一部屋に閉じ込もっていたり，自分の理論やアプローチに固執していることは，もっともカウンセラーらしくないことかもしれない。

3　コンサルタントとしてのカウンセラー

　カウンセラーはカウンセリング（介入行動）だけをする人でないことはすでに述べた通りであるが，それ以外の機能のなかで特に需要が高いのが「コンサルタント」の機能である。たとえば，筆者らが行った「学校カウンセラー研修のあり方」についての調査結果によると（神保他，1991），「カウンセラー研修の受講者は現場に戻ったとき期待されることとして，他の教師の相談役，すなわちコンサルタントの機能を果たすこと」が一番多かった。そこで，本節でコンサルタントとしてのカウンセラーについて少し詳しく取り上げてみたい。

（1）コンサルテーションの定義

　コンサルタントとかコンサルテーションという語は，巷では，カウンセラーやカウンセリングと混同して用いられていることがよくあるのに気づく。両方とも，日本語をあてはめると「相談」になるので，区別が困難なことは確かである。そこで，最近では，混乱をさけるために，日本語をあてはめず，片仮名書きで原語を用いるようにしているわけである。なお，専門家としては，両者の相違を明確に理解しておかないと，「カウンセラーがコンサルテーションをする」とか「コンサルタントとしてのカウンセラー」の意味が理解で

きないし,実行することもできない。そこで,まず,この用語の概念を明確にしておきたい。

カウンセリングの定義も多数存在するのと同様,コンサルテーションに関しても,それが「個人や集団,組織体,コミュニティなどがより効果的,効率的に機能するのを助けるプロセスである」という点では大半の者が同意しているが (Kurpius et al., 1993),具体的な定義,目標,プロセスについてのアプローチは一つではなく,バラエティに豊んでおり,その定義付けに多くの努力が払われてきている (Gallessich, 1985)。統一した定義付けへの努力の必要性という点でもカウンセリングと類似している。

なお,コンサルテーションは,カウンセリングよりも広範囲で用いられ,実践されている活動であるので,本書では,カウンセラーが関わる,あるいはヒューマン・サービス分野におけるコンサルテーションに限って,考察することとする。

ヒューマン・サービスにおけるコンサルテーションのアプローチを確立したカプラン (G. Caplan) は,次のように定義している。すなわち,

「コンサルタントとコンサルティという2人の専門家の間の相互作用のプロセスであり,コンサルタントはある分野のスペシャリストであり,コンサルティとは,自分が仕事上で問題に遭遇しており,かつその問題は他の専門家の領域に関係することであると判断した場合,その問題に関してコンサルタントの援助を必要としている人である。そして,その仕事上の問題とは,コンサルティのところにきたクライエントの治療や処置,あるいは,クライエントの要請に応じるためにあるプログラムを立案したり実施したりすることに関係することである」(Caplan, 1970)。

ジンズ (J. Zins) とポンティ (C. Ponti) は大半のアプローチやモ

デルに共通する特徴を抽出し，それらに基づいて，次のような定義を提唱した。すなわち，コンサルテーションとは，「予防志向的な心理学的サービスのための間接的方法であり，このなかでコンサルタントとコンサルティは，経済行動的枠組みにたち，仕事上の問題を解決するために共同で問題解決過程に従事し，それによってクライエント（あるいは組織）の福祉と業績の向上をはかること」である（Zins et al., 1990）。

定義の歴史的変化を概観すると，初期の段階では，ある分野の専門家であるコンサルタントがコンサルティと一対一の関係の中でアドバイスを提供することであったが，1970年ころから「プロセスを援助する人」としてコンサルタントを定義する立場（例：Caplan, 1970 ; Schein, 1969）が現れ，問題解決そのものに焦点をあてる立場と問題解決のプロセスを重視する立場がでてきた。さらに最近では，共働的コンサルテーションの強調へと変化してきている。

コンサルタントとコンサルティ両者が専門家として専門性を共有し，共働的関係を作ることを強調するところからブラウン（D. Brown）は，コンサルテーションのプロセスからの副産物として，コンサルティは，新しいスキルや知識を獲得し，それによって，自分から積極的に働きかけていくことができるようになるので，メンタルヘルスの予防に関して積極的役割が果たせるようになることを指摘している。それを反映して，コンサルタントの役割についても，直前の問題解決から，長期的視点にたった「プライマリー・ケア」とか「予防志向」へと強調点が移行してきている（Brown, 1993）。

(2) カウンセラーとコンサルテーション

次に，カウンセリングとの相違を明確にしながら，カウンセラーがコンサルタントとして機能を果たすことの意味を考えてみたい。

「問題解決を援助する相互作用のプロセス」という要素は，コンサ

ルテーションとカウンセリングの両方に共通している。では両者の相違はどこにあるのであろうか。

　まず，上で引用した定義から明らかなことは，第1に，コンサルテーションは専門家のあいだで行われるプロセスであり，解決すべき問題をもっているクライエント（カウンセリー）を援助するために，別の専門家（コンサルタント）の専門知識を必要としている場合に起こるプロセスがコンサルテーションである。したがって，第2の特徴は，カウンセリングが問題解決への直接的介入であるのに対して，コンサルテーションは「間接的介入行動」である，ということである。第3の特徴は，コンサルティの「仕事上の問題」が対象なのであって，心理的問題ではない，ということである。

　ブラウンは，ヒューマン・サービスのコンサルテーションについて，「第三者，すなわちクライエントのメンタルヘルスを促進することをめざして，コンサルタントとコンサルティが行う三者間の関係を意味する間接的介入であり……，コンサルタントの職務は，クライエントの問題に対して専門家としてともに協力することに焦点をあてた問題解決プロセスを確立することであって，コンサルティング関係のなかで，コンサルティにカウンセリングをすることではない」（Brown, 1993）と注意を促がしている。要するに，ブラウンは，間接的介入というだけでなく，「クライエントに対して協力関係にある2人」という表現で，コンサルタントとコンサルティの専門家としての平等性を強調している。ちなみに，「承諾なくコンサルテーションからカウンセリングに移行することはおそらく非倫理的な行為にあたるであろう」，と述べ，カウンセラーの陥りやすい危険を指摘し，カウンセラーがコンサルテーションを行う場合に両者の違いを明確に認識することの重要性を指摘している（Brown et al., 1991）。

　文献のなかでカウンセラーの機能の1つとしてコンサルテーショ

ンが取り上げられだしたのは，1960年代の終わりから1970年にかけてであり，1980年代後半には，アメリカの大学院のカウンセラー教育プログラムの約90％が「コンサルテーション」という科目を用意していたと報告されている（Brown et al., 1991）ように，コンサルタントとしての機能はますます重要性をましている。このような経緯は，カウンセラーのための倫理綱領のなかでのコンサルテーションのとりあげ方からにも明確に表われている。

　カウンセラーがコンサルタントの機能を果たすことを重視する背景には，問題をもつ人や子供への直接的な治療や援助にとどまらず，予防的・教育的アプローチの意義に注目する姿勢があり，間接的介入行動のもつ価値を認識し，さらに「変化を作り出す人としてのカウンセラー」の存在意義を再確認することが重要であるといえるかも知れない。

第5章

カウンセラーに必要な基本的態度と能力

　さまざまな理論が生まれ，新技法が次々に開発されると，もっとも有効なものはどれかと考え，理論や技法を比較研究する人が現れるのは当然なことである。事実，この問題については，これまで多くの研究結果が発表されてきた。その結果，現在までのところ，誰にでも，どんな問題に対しても最善の対応ができる万能な技法やアプローチはないというのが共通した見解である。そして，現在，カウンセリングの効果性は，カウンセラーの理論的立場やその技法あるいはアプローチ，カウンセラー自身のパーソナリティ，クライエントのパーソナリティとその問題，および，問題の進展状況さらにカウンセラーが介入した時期など，種々の要因が複雑に絡み合ってもたらされるという見解が主流となり「システマティックな折衷主義」が提唱されるようになっている。つまり，特定の理論や技法が他の

ものよりも，どんな場合にも誰にも効果をあげるということはない，というのが，専門家の一致した見解である。

他方，何がカウンセリングを成功に導くかについては，成功したカウンセリング事例と不成功に終わったカウンセリング事例との分析から，かなり一致した結果が得られている。それらの研究が成功したカウンセリングと評価した事例とは，カウンセリング面接の結果，クライエントが問題解決をし，自分なりの行動をとるようになったり，建設的態度で自分の生活を営むようになったものである。成功の要因としてそれぞれのカウンセラーのアプローチ，用いられた技法が分析の対象となっていた。このような研究結果から明らかにされたことは，アプローチや技法の違いに関係なく，成功事例には共通した要素（カウンセラーの態度と能力）が見出されたということである。

さらに，前章で述べたように，カウンセラーは，いくつかの役割や機能を果たすことができるし，またそうした多様な機能を果たすことが期待されている。そこで本章では，理論やアプローチの違いを越えて，どの分野においても「有能なカウンセラー」として働けるために基本的で不可欠の態度と能力を紹介することとする。

1 カウンセリングに不可欠の条件

多くのカウンセラーは自分の得意とする領域をもっていると思われるが，カウンセラーというアイデンティティをもって有効に働くためには，まず，カウンセラーという専門職に共通する基本的能力と知識をもつことが必須である。そのうえで個々の専門領域や問題ごとに必要となる知識や能力を習得する必要がある。

日本の場合，この基本的能力と知識という基盤を教育することよ

りも、個々の問題への対応が重視されている。このことがカウンセラーのアイデンティティ確立を困難にしているのかもしれない。カウンセラーの教育が始まって以来、アメリカでは「カウンセラーに不可欠の基礎的能力と知識は何か」という質問への回答を求めてさまざまな研究や議論がなされてきた。カウンセラーの仕事の中核であるカウンセリングを取りあげ、さまざまなアプローチのカウンセラーの行ったカウンセリング面接で成功したものと評価される面接を分析した多くの研究がなされたのもそのためである。その結果、共通して見出されたことは、成功したカウンセリングでは「カウンセラーとクライエントとの間に温かい信頼に満ちた関係」が築き上げられていたということである。つまり、「カウンセラーとクライエントの間にカウンセリング関係をつくること」がカウンセリングにとって不可欠の条件といわれるようになった。

言いかえれば、カウンセリングの目標にとって必要な関係をクライエントとの間に樹立させられることがカウンセラーの基礎的能力であり、かつ責任であるということである。

クライエント中心カウンセリングの創唱者であるC. ロジャーズは、「人間相互関係の質」をカウンセリングの真髄とし、1962年の論文のなかで次のように述べている。「私の、長い間のカウンセリングの経験から生じた結論は、心理治療家としてか、教師、宗教家、カウンセラー、ソーシャル・ワーカー、臨床心理学者としてか、そのいずれかを問わず、人間関係を含む広範囲にわたる種々の専門職において、その効果性を決定するもっとも重要な要素は、クライエントとの人間相互の出会いの質であるということである」(Mosher et al., 1965)。

そして、ロジャーズは、カウンセラーとクライエントとの間の相互関係の確立が、カウンセリングにおいて必要にして十分な条件であるとした。その後、この条件が必要不可欠の条件であるというこ

とに関しては，理論的立場の違いを越えて，すべてのカウンセリング関係者が認めるところである。

たとえば，元アメリカ心理学会会長のひとりであるL. タイラーは，ロジャーズ派には属さないが，カウンセリングにおける人間関係の重要性を次のように指摘している。すなわち，「カウンセラーとクライエントとの話合いが15分間で終わろうと50分続こうと，また，精神的症状について語ろうと，感情を表現しようと，進路計画や職業，あるいは社会情勢について討議しようと，また，一対一で話そうと集団で話し合おうと，カウンセリングがクライエントに何らかの影響を与えるとすれば，それは，この出会いから生まれる人間関係の質と深くかかわるのである」(Tyler, 1969) と。

カウンセリングにおいてカウンセラーとクライエントとの人間関係の質が重要な要素である，という点に関しての理論家間の相違は，ロジャーズおよび彼の立場にたつ人々がこれを「カウンセリングの必要にして十分な条件」とするのに対して，その他の多くの理論家たちは，人間関係（あるいは，カウンセラーとクライエントとの相互関係）の確立は不可欠の条件であるがこれだけで十分とは考えない。つまり，カウンセラーとクライエントとの間の関係の質はあくまでも基盤であって，その上に他の援助的手段や技法が必要であるとする。

要するに，カウンセラーとクライエントとの間の関係はカウンセリング過程の中核であり，人間相互関係が確立せずしてカウンセリングも成立せず，目標に向かって発展もしない。

では，カウンセリングに必要な人間相互関係の質とは具体的にはどのような特徴をもったものを指すのであろうか。それは，ロジャーズの言葉をかりれば，「治療的雰囲気」をもった関係ということである。しかし，日本語で治療的ときくと，治療する医者とそれに従う患者との間にある，権威に満ちた雰囲気を思い浮かべられが

ちである。ロジャーズのいう意味は、実はそれとまったく逆のことである。その内容は、「クライエントが安心して、自分の表現したいことを表現でき、自分の問題を吟味し、自分で意思決定していくのを許す、恐怖感のない、温かい、自由な雰囲気をもつ」関係ということである。

　もう1つのポイントは、カウンセリング関係は専門的な関係であるということである。つまり、温かい自由な雰囲気をもつといえば、友人関係とか親子関係と変わりはないことになる。しかし、カウンセリング関係はそれらとは異ならなければならない。それは、カウンセリングの人間関係はクライエントが何らかの問題をもってきたところから始まり、問題を解決することによって終了する関係である。カウンセラーとクライエントとの関係は終わらなければならず、目的志向の関係である。したがって、友人関係や親子関係とは異なるものである。このことについてはすでに本書の第1章（19ページ）で述べた通りである。この違いを意識しながら温かい自由な雰囲気をもち、かつ目的志向の専門的関係をつくりだすのが、カウンセラーの責務である。

　ところで、このような雰囲気をもつ人間関係をつくるためにカウンセラーはどのようにしたらよいのであろうか。この点についても、専門家の意見はほぼ一致している。すなわち、カウンセラーとクライエントとの間の人間関係の確立は、特定の技術や話術によるのではなく、カウンセラーのクライエントに対する「態度」による、ということである。

　そこで、カウンセリングに不可欠の条件の2番目として、次節でカウンセラーに不可欠の条件としての態度とはなにかを考えてみたい。

2 カウンセラーに必要な基本的態度

カウンセラーに必要不可欠な基本的態度についても,多くの学者,カウンセラー教育者が実践と理論に基づいていろいろな説明をしてきている。

たとえば,L. タイラーは,カウンセラーに不可欠の態度について次のように説明している。すなわち,

「カウンセラーは,自分の行動や言葉,身ぶりや表情を通して,自分が,

① クライエントを受け入れていること,

② 理解しようとしていること,そして

③ 誠実さをもってカウンセリングに臨んでいること,

を伝えていかなければならない」と。

さらに,このような態度は,特殊な技法の訓練や模倣で身に付くものではなく,日々の生活のなかでの対人関係,特に他者に対する純粋な関心と,人間の尊厳性に対する畏敬の念を通して培われる態度であることを強調している (Tyler, 1969)。言いかえれば,カウンセラーにとって,不可欠の態度とは,「他者に対する純粋な関心と人間の尊厳を尊重する態度」であり,その態度が,具体的には,上記の3つの姿勢としてカウンセリング関係のなかで表現されなければならない,ということである。

人間関係の質を,必要にして十分な条件として強調したロジャーズが,自分とアプローチを非常に異にするカウンセラーや治療家を観察し,彼らと自分の成功の原因を明らかにするために,録音された面接を多く聴き分析した結果,たどり着いた結論は,「そのパーソナリティ,アプローチ,および方法などにおいて明確に異なってい

るすべての人々が，どうすれば援助関係で効果をあげることができるか，どうすれば各々が建設的変化や発達の促進に成功するかということを自問したとき，それは，彼らがこの援助関係の態度という要素をもっていることによる」(Tyler, 1969) ということであった。そして，その態度的要素として，

①自己一致，
②共感的理解，そして
③他者に対する無条件の積極的関心，を上げた。

そして，カウンセラーはこれらの態度を経験し，さらにそれをクライエントに伝えられなければならない，と述べている。

これらの態度は，知的に理解しているだけではなにもならない。それらをクライエントに伝えられなければならない。つまり，カウンセラーがそのような態度で自分に接していることをクライエントが感じ取る時，カウンセリング関係に影響を与えるのである。しかし，これらの態度をカウンセラーが伝えようとしても，クライエントが情緒的に非常に混乱していたりする場合には伝わらないこともありうることも，ロジャーズは指摘している。

これらの他にもいろいろな見解があるが，それらは，表現は違っても強調していることはほとんど同じである。そこで理解しやすい表現を用いているタイラーの見解を中心にして，多くのカウンセリング心理学者が共通して必要と認めている態度について詳しく紹介してみたい。

(1) 受　　容

受容，あるいは，クライエントを受け入れるとは，個人（あるいはクライエント）の独自性を尊重していることを実践する態度である。すなわち，一人ひとり皆異なった考え方，感じ方，そして，生き方をしていることを心から認めることである。また，この態度は

一人ひとりの経験している世界は，知的・意志的・情緒的経験の複雑な絡み合いから成っていること，一人ひとりはそれぞれいくつもの文化のなかに生きていることを認識することが土台となっている。

ここでいう受容は，ロジャーズが，「無条件の積極的関心」という言葉を使って表現している態度，また，カークハフ（R. Carkhuff）の「非所有的温かさ」という態度と同じことを意味している。ロジャーズはこの態度を次のように描写している。すなわち，「クライエントがどのような状態にあろうと，クライエントのそのままを認める寛大な心を含む。これは，あるがままのクライエントに対するある種の愛である。この愛という語は，……ロマンティックな所有的意味での愛と思ってはならない。これは，温情主義でも感傷的でもなく，表面上の社交的・同意的なものでも，クライエントの言動を肯定することでもない。これは，人を他の人とは区別された一人の人として尊敬する感情であり，その人を所有する感情ではない。要求しない愛である」(Mosher et al., 1965)。

受容という態度は，また，カウンセラー側が受容したと思っただけでは成立しない。クライエントにそれが伝えられなければならない。ということは，クライエントが「このカウンセラーは，私を一人の人間として大切にしていてくれる，あるいは，価値ある存在として認めていてくれる」という内的確信をもつということである。

クライエントを一人の人として受け入れるという態度は，第3章のカウンセリングの理念の箇所（60ページ）でも述べたように，個人尊重の姿勢の実現化であり，それを示す特別の技法があるわけではない。カウンセラーによって，また同じカウンセラーであっても，クライエントによってその態度の表われ方は異なるはずである。

受容的な態度を示すためには，クライエントを批判したり評価したりしてはいけないとか，クライエントの言ったことをそのまま繰り返したり，相づちを打つことといわれることがあるが，これは，

ロジャーズが，態度の重要性を強調する前に提唱していた非指示的技法の一例であり，受容的態度とは別のものである。「受容するためには，このようなことをしてはならないとか，このようにすべきである」というのではない。むしろ，クライエントを一人の人として尊重し，その人の経験を大切にしようと思うなら，それほど簡単にその人のことがわかったとはいえないであろうし，性急に批判したり評価したりすることはできなくなるであろう。そして，まず，相手に純粋な関心をもつであろう。

たとえば，意見や感じ方が自分と異なる場合，その人を受け入れるのは困難である。しかしこの時こそ受容という態度を経験できるよいチャンスである。そして，クライエントが自分と意見や感じ方が同じかどうかとか，欠点をもつかどうかとか，自分の好みや価値と合うかどうかとかに関係なく，クライエントを，自分と同じように価値ある存在として大切にしたいという信念をもつなら，その信念を，言葉，態度，表情，行動を通してクライエントに伝えることができるであろう。

受容が，人に対する態度から生まれる行為であって，技術で伝えられることではないということは日常生活のなかでよく体験している。たとえば，親切そうな物腰で，優しい言葉使いをし，にこにこしてくれても，何か心が通じないとかその人の心が感じられず，そのために安心して話す気になれないというような場合である。カウンセリング関係においても同様である。カウンセラーが単に技法として受容を考えるとしたら，クライエントが安心して話せる真の信頼関係をつくるのはむずかしいのではないかと思う。

(2) 理解的態度

人間関係を樹立する第2の基本的態度は，カウンセラーがクライエントを理解しようとする態度である。この理解的態度とは，相手

が伝えようとする意味を，できるだけ正確に，できるだけ完全に捉えようと努力する姿勢のことである。ここで大切なことは「できるだけ」と「しようと努める」ことであって，完全に正確に捉えるかどうかではないということである。

　おそらく，われわれは誰も完全に，かつ正確に他人を理解することはできないであろう。他人を知ろうと努力すればするほど，その人のことがわかってくるが，同時にまた知りつくすことはできないことも経験するであろう。それは，人はみな，常に新たな経験をしており，その経験を通して，新たな側面を加えたり，変化したりしているからである。有能なカウンセラーほど，クライエントを知りつくしたと思うことはない。だからこそ，できるだけ正確に理解しようと，限りない努力をすることが大切になることに気付いているのである。

　ロジャーズは，ここでいう理解的態度と同じ態度に，「共感」あるいは「共感的理解」という言葉をあてている。その内容を「カウンセラーが，クライエントの私的な個人的意味をもつ内的世界を『あたかも』自分自身のもの『であるかのように』理解することである」と説明している。さらに，「あたかも……であるかのように」という条件を決して忘れてはならないと，特に注意を促している（Mosher et al., 1965）。

　この語も，日本ではかなり誤解されてきた。その一因はロジャーズの理論が翻訳される過程にあると思われる。原語のempathy（あるいはempathic）に共感（共感的）とか感情移入という日本語をあてはめたため，それ以来，本来のロジャーズの理論の意味と離れ，日本語が一人歩きしてしまった。その結果，ロジャーズの言う共感的理解を「クライエントの感情を共有するとか，同じように感じること」と解する人が多く現れるようになった。しかし，われわれ人間は，他人のことを完全に知りつくすことができないのと同様に，

2 カウンセラーに必要な基本的態度

他人の感じていることをその人と同じように感じることはできない。たとえば、あるクライエントが自分の親に対して憎しみを抱いている場合、その憎しみの感情そのものを、カウンセラーが自分の憎しみとしてもつことも経験することも不可能である。2人はそれぞれ違った独自の体験の世界に生きている別の人格だからである。しかし、クライエントが経験している憎しみの感情を、クライエントが経験している通りにわかろうとすることはできる。

ロジャーズはその後の論文のなかで、その意味を明確にするために「共感（empathy）」よりも、「共感的（empathic）なあり方」という表現を使い、さらに「共感的理解は過程である」という説明をしている。彼が強調したかったことは、共感はスタティックな「状態」ではなく、方向性をもって進行するダイナミックな行為であるということである。そのため、「カウンセラーは自分が理解したことをクライエントに伝えていくこと」の重要性を加えているのである（Rogers, 1975）。

われわれの日常会話のなかではよく、「あなたの言うことはわかります」とか「なぜそんな気持ちになるのかわかる気がします」というふうに言って、相手のことがわかったということを伝えようとする。このように言うことによって、相手のことを思いやってあげたいという意図は伝えられるかもしれないが、何をどのようにわかったのかは不明である。カウンセラーが真に理解的態度でいるなら、おそらくただ単に「わかった」という言葉を使うことはないであろう。受容と同様、理解するということは、カウンセラーの一方的な行為では成立しない。クライエントがカウンセラーにわかってもらえた、あるいは、カウンセラーに通じていると思えてはじめて成り立つことである。カウンセラーは、自分の理解したことを自分の言葉でクライエントに伝えていくことによって、クライエントのことをできるだけ正確に理解できるのである。要するに、理解的態度と

は、単に理解したいという意図を示すことではなく、クライエントの感じていること、考えていること、望んでいることなどを、クライエントの側に立ってみようとし、実際に把握したことを伝えてみることによって、クライエントの感じていること、考えていること、望んでいることなどをありのままにわかるという一連の行動なのである。

また、クライエントは、カウンセラーが理解したという内容を聴くことによって、それが自分の経験していることと一致するかどうかを判断し、その結果をカウンセラーに伝えられるようにしなければならない。このような過程で、クライエントは自分を意識化し、客観的に眺めることになる。このようなプロセスを通して、クライエント自身も以前よりもよく自分を知るようになる。つまり、カウンセラーの理解的態度はカウンセラーにとってだけでなくクライエント自身の自己理解を援助することになるのである。

(3) 誠実な態度―自己一致

カウンセラーに不可欠な態度としての「誠実さ」とは、カウンセラーが、自分を自分以上にも自分以下にもみず、あるがままの自分を受け入れ、またクライエントに対しても自分を自分以上にも自分以下にもみせない姿勢をもつことである。言いかえれば、カウンセラーが何か役割を演じたり外見を装ったりせず、自分自身であることができるということである。

カウンセラーも一人の人間であるから、クライエントと向かい合っている時、自分の内面にいろいろな考えや感情、思いが起こってくるはずである。たとえば、自分の能力や知識の限界を感じ不安になるかもしれないし、クライエントの話についていけず混乱してしまうかもしれない。そのような場合、誠実であるとは、まず、自分の内で経験している不安や混乱、クライエントに対する批判や賞

賛の気持ち——内的経験——を意識し,そのような状態にいる自分を否定せず,そういう自分を受け入れることができることである。ロジャーズはこの態度を「自己一致」という言葉で説明している。その逆は,「カウンセラーなのだから,不安になったり混乱してはならない」とか「専門家なのだからどんな問題にも驚いてはならない」などという考えにとらわれ,自分の内に起きている感情や思いを抑圧したり,認めようとしない態度である。

　ここで注意しなければならないことは,自分の内面の状態に気付き,それを受け入れることと,それを表現したり,感じたままに行動することとは違うということである。誠実であるということは,「カウンセラーが自分の状態に気付くこと」ということであり,その目的は,あくまでも,カウンセリングに必要な人間関係をつくり,クライエントのために効果的に行動することにあることを忘れてはならない。効果的に行動するために,カウンセラーは自分のできることとできないことを認識できなければならないし,自分の限界を知る必要がある。クライエントに対して誠実であろうとしたら,自分の内的経験に気付き,自分のとるべき行動を決めることができなければならないのである。

　したがって,自分の状態を認識した上で,カウンセリングの目的からみて「意味がある」と判断したならば,自分の状態(たとえば,不安でいるとか混乱している)とか自分の意見や考えを,適切な時に,適切な言葉で,クライエントに伝えるのは誠実な態度の現れである。

　以上,カウンセリングに不可欠の条件であるカウンセラーの基本的態度について,主なカウンセリング心理学者の見解を紹介しながら,考察してきた。最後に,タイラーの忠告を紹介しておく。すなわち,「カウンセラーであろうとしたなら,カウンセラー自身がまず

いくつかの根本的なもの，すなわち『他者に対する自分の姿勢』を変化・発展させなければならない」ということである。自分の他者に対する態度を吟味し，これらの基本的態度を身に付けるようにしなければ，どんなよい技法も生かされないからである。また，カウンセラー自身が自己の他者に対する態度をたえず吟味できるために，「自己に気づく（Self-awareness）力」が必要となる。そのため，最近のカウンセラー教育では，個々の態度の訓練に先立って「自己に気づくこと」が強調されている。

3　カウンセラーに不可欠の技能

　カウンセリングを成功に導くために不可欠な条件は「カウンセラーとクライエントとの間に温かい信頼に満ちた相談関係が確立されること」であることについてはすでに述べた。また，クライエントとの間にそのような特徴をもつ関係をつくるのはカウンセラーの責任であること，そしてそのような関係は技法や模倣でつくられるものではなく，カウンセラーの基本的態度によることについても考察してきた。

　カウンセラーは，誠実で，受容的，理解的態度をもってクライエントに接しなければならないが，カウンセラーとしての専門的な介入行動を効果的に進めるためにはこのような態度をもつだけでは不十分であることも多くの理論家の一致した見解である。介入，援助に必要な技能や知識を体系的に身に付けることが必要である。こうした技能や知識については，それぞれのカウンセリング・アプローチによって特徴があり，強調点の置き方に相違もある。しかし，アプローチの違いを越えて，どのカウンセラーにも共通して求められる基本的なものがあることについても一致した見解がある。ここで

は，どのアプローチにも共通するもっとも基本的で不可欠の技能を紹介する。

(1) 言語的コミュニケーションの技能

カウンセリングの定義からも明らかなように，カウンセリングは「言葉を用いて，ダイナミックに相互作用する過程」であり，カウンセラーは言葉を主要な手段として，その目的を達成しようとするので，カウンセラーにとって「言語的コミュニケーションの技能」はもっとも基本的なものである。

カウンセラーが習得すべき言語的コミュニケーションの技能は，社交的な会話術とか上手な話し方，説得力ある話術などと同じではない。カウンセラーは，相手が表現したいことや表現しにくいことを安心して表現できるようにすること，自分が相手を理解していることを伝えること，伝えるべきことを相手が理解できるように伝えられること，そして相手の自己理解や意思決定に役立つさまざまな援助行動をするためのコミュニケーションである。

ではカウンセラーが習得しなければならない言語的コミュニケーション技能とはどのようなものであろうか。経験の浅いカウンセラーは，よく「何を言うべきか，何を言うべきでないか」などのようなコミュニケーション成功のハウ・ツーを求めがちである。そしてハウ・ツーがわかれば，うまくゆくと考えやすい。しかし，カウンセリング面接を分析した研究結果によると，有能なカウンセラーは多種多様の話し方や反応の仕方をしており，どのクライエントに対しても共通して用いている応対方法というものは見出されなかった。極端に言えば，有能なカウンセラーは二度とまったく同じコミュニケーションの様式をとることはないし，カウンセラーという者は，一定の話し方や反応の仕方をする者ではないということである。つまりコミュニケーションは，カウンセラーの個性を反映する

と言えるであろう。また，あるカウンセラーに特有の方法や様式が他の人に有効だとは言えない。クライエント同様カウンセラーも，皆それぞれ独自性を有する固有な存在だからである。

あえてコミュニケーションの技能といえば，「適切な時に，適切な言葉を選び，コミュニケーションの目的を達成できる能力」のことである。そのためには，相手の言語の理解力の程度，環境，情緒的状態，問題内容，年齢，性別など，さらにカウンセリング・プロセスの進行状況に合わせて，その時のクライエントにとってもっともふさわしい話し方や言葉づかいを選ぶことである。

なお，カウンセリング・プロセスを進める上で次のような点に留意するのは有益であるといわれている。

①クライエントを防衛的にさせる表現や言葉，また当然のことであるが，クライエントを侮蔑したりする言葉は避けるべきである。

②質問する時は，クライエントが，ただ「はい」とか「いいえ」と答えさえすればすむような質問を避け，自由に具体的に説明することができるような開放的質問（開かれた質問）をする。

③カウンセラーは抽象的な表現や専門用語を避け，具体的でわかりやすい表現方法や言葉を使う。

④カウンセラーは，自分がどのようにクライエントのことがわかったかを伝えたい時には，一般的な類似例を引用しないほうがよい。なぜなら，話の内容は似ていても，クライエントは他の人とまったく別の人であり，そのクライエントの体験はその人にとって独自のものだからである。

⑤安心させたり励ましたりする目的で，他のクライエントの話を引合いに出すのは避けたほうがよい。上述したようにクライエントは他のクライエントとは異なること，さらに個人の秘密の保持にもかかわる可能性があるからである。

⑥「沈黙」（クライエントが黙っている時間）の取り扱い方に注意

する（沈黙については次項で具体的に説明する）。

⑦話の内容が一段落し，次の段階に進む時に，それまでの話の内容を「要約」し，相互の理解を確認する。

⑧一回ごとの面接の終了時，あるいはカウンセリング・プロセス全体の終結時には，その面接中で話し合ったこと，明確になったこと，不明なこと，決心したこと，今後の課題などを「要約」し，相互が確認しあった上で，さらに，クライエントの感想を話してもらう。こうして，クライエントが満足し安心して，面接あるいはカウンセリングを終えられるようにする。

なお，ここで言語的コミュニケーションを強調したことが「非言語的表現」を軽視することではなく，むしろその逆であることを述べておきたい。また，より効果的な言語的コミュニケーションをするためには「非言語的表現」に敏感でなければならない。

(2) 傾聴する力

カウンセラーにとってもっとも基本的な能力は「傾聴すること」，すなわち「クライエントの言うこと，言おうとしていること」に耳を傾けて聴く力であるといわれている。

「傾聴すること」についてもかなり誤解されてきた。たとえば，「黙ってクライエントの言うことに耳を傾け，ときどき簡単に相づちを打つことがカウンセリングである」というのがもっとも代表的な誤解である。確かにロジャーズは，非指示的カウンセリングを提唱した初期の段階では「黙って聴くこと」を「感情の反映」や「くりかえし」などとともにカウンセラーのもつべき技術として強調した。しかしロジャーズをはじめとして，「傾聴」を強調した専門家が言わんとしたことは，「相手に話してもらうためには，カウンセラーはまず黙って，相手の言葉を聴くことが必要である」ということであっ

て,「黙ってうなずくことが傾聴すること」ということではなかったということである。

「傾聴」がカウンセラーの基本的な能力と言われるようになった背景には欧米の文化があると思われる。欧米人の友人をもつ人ならおそらく経験したことがあると思うが,彼らは一般的傾向として話すことを得意とする。あたかも相手の話を聴こうなどということを考えたことがないかのように,自分が話すことに熱中することが多い。そのため,われわれ日本人は聴き手にまわりやすく,またなにか言おうとしたら,相手の話に割り込むのに一苦労するのである。これは決して語学力の問題ではない。まず自分の意見や考えを話すことを重視する文化と「以心伝心」という言葉を生む文化との違いであると思う。もちろん最近では,「はっきり表現しなければわからない」と日本でも言われるようになってきたが,それは「積極的に自分から話す文化」とは異なる。つまり,一般に,欧米では他人の話に耳を傾けるよりも自分から話すことに主眼がおかれている。この傾向はカウンセラーにもクライエントにも共通していることである。

さらに,専門家とか援助者,教育者とかという立場にあるものは,一般に,人の話を聴くよりも自分が話す方が得意であり,回答を与えたがりがちである。この傾向は洋の東西を問わず共通していると言えよう。こういう文化的背景と専門家の傾向を頭におくとき,アメリカのカウンセラーにとって,「相手に話すチャンスを与える」ことがどんなに困難であったかは想像にかたくない。したがって,カウンセラーに必要な技能として,その目的を達成するために,「黙って聴く」ことを強調せざるをえなかったのではなかろうか。

「黙す」ことに努力を要する欧米人と比べて,沈黙を尊ぶ文化のなかで育ったわれわれ日本人にとって,「黙して聴く」アプローチは非常な親近感を感じるものであり,おおいに歓迎されるものであったと思われる。しかし,ここで注意しなければならないことは,「黙し

て聴くことが目的なのではない」ということである。これはあくまでも「コミュニケーションを土台とし，クライエントの自己理解と自己決定を促すカウンセリングにおいて，必要な手段である」ということである。「黙して傾聴すること」が重要な能力となった由来を考えるとき，アメリカ人にとって「まず黙って聴く」ことの重要性を説く必要があったように，日本人のカウンセラーには逆に「努めて，話しかけることによって，傾聴する能力」を強調する必要があるのではないかと思われる。他人に自分のことを話すのがあまり得意でないクライエントにとっては，カウンセラーからの質問や問いかけ，あるいはカウンセラー自身の自己開示のほうが「黙って聴かれる」よりもはるかにコミュニケーションを発展させ，自分を語りやすくさせるかもしれない。要するに，クライエントの話に耳を傾け，その言わんとすること，伝えたいことを理解しようとして傾聴することは重要であるが，そのための方法，技能は文化的背景によって，さらに，クライエント一人ひとりによって異なりうる，ということである。

マイクロ・カウンセリングの創唱者であるアイヴィ（A. Ivey）は，カウンセリングや心理療法の面接過程を分析し，どのアプローチにも共通するカウンセラーの技能（マイクロ・スキル）を抽出し，図1のように階層化して，カウンセラーの面接訓練を体系化した。スキルの階層のなかで，もっとも基礎的なものを「基本的かかわり技法」とよんだ。これはカウンセラーがクライエントと相談関係をつくるための一連の技能のことであり，次のような7つのマイクロ・スキルからなっていると述べている。

①「かかわり行動」：文化的に適した視線の合わせ方，十分傾聴していることを相手に伝える姿勢，声の調子やスピード，言語的追跡（相手の言ったことにとどまること）ができること。

②「クライエント観察技能」：クライエントの非言語的表現を敏感

に観察できること。

③「開かれた質問と閉ざされた質問とができること」。

④「明確化」：クライエントの言ったことを自分の言葉で「言いかえる」こと，「最小限の励まし」ができること。

⑤「要約技法」：クライエントが言語的，非言語的に伝えたことを要約し，その思考を統合するのを援助できること。

⑥「感情の反映」：クライエントの経験している感情を，言葉で

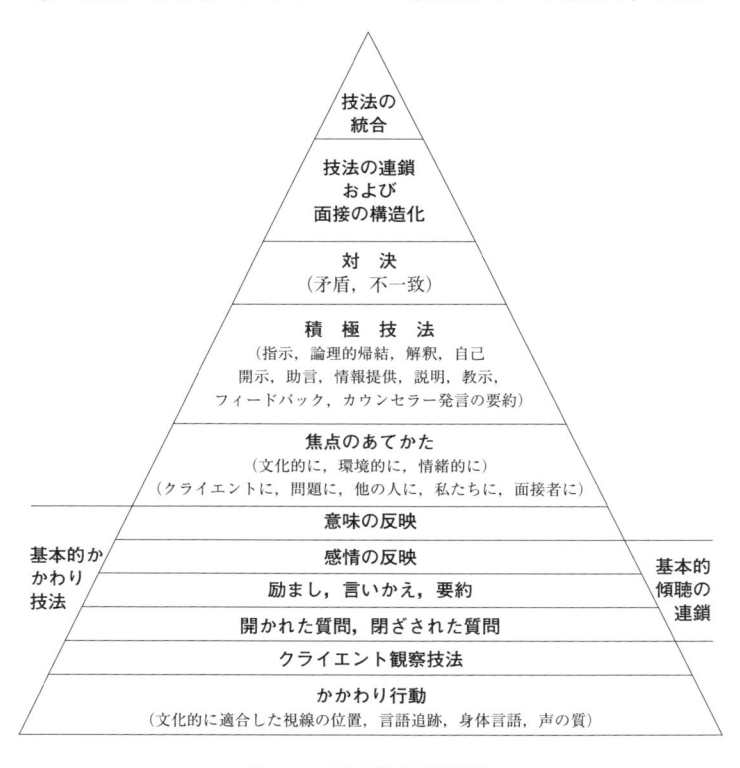

図1　マイクロ技法の階層表

（A. アイビィ　福原真知子他訳編『マイクロカウンセリング』川島書店　1985 p. 8 より）

ピラミッド図の内容（頂点から底辺へ）：

- 技法の統合
- 技法の連鎖および面接の構造化
- 対決（矛盾，不一致）
- 積極技法（指示，論理的帰結，解釈，自己開示，助言，情報提供，説明，教示，フィードバック，カウンセラー発言の要約）
- 焦点のあてかた（文化的に，環境的に，情緒的に）（クライエントに，問題に，他の人に，私たちに，面接者に）
- 意味の反映
- 感情の反映
- 励まし，言いかえ，要約
- 開かれた質問，閉ざされた質問
- クライエント観察技法
- かかわり行動（文化的に適合した視線の位置，言語追跡，身体言語，声の質）

左側：基本的かかわり技法
右側：基本的傾聴の連鎖

フィードバックできること。
　⑦「意味の反映」：クライエントが自分の感情，考え，行為に隠された「意味」を見出すのを助けられること。

　以上の7つの「基本的かかわり技法」のうち，③から⑥までのスキルを特に「基本的傾聴技法」，すなわち，コミュニケーションの基本的技能とよび，アイヴィは「よく聴く」ために，カウンセラーはこれらのマイクロ・スキルを身に付けなければならないと述べている。
　アイヴィの説明からも，傾聴は黙っていては実行されえないことは明らかであろう。よく聴くとは，よく（効果的に）話すことでもある。

(3) 沈黙の取り扱い方

　カウンセリング面接中，クライエントが沈黙することがある。そしてこの沈黙にどのように対処するかはカウンセラーにとって大きな課題である。実際にはわずか1分程の沈黙なのに，10分とも30分とも感じられる場合もあるという。沈黙はその長さに関係なく，多くのことを意味する重要な時間である。ここでも，未熟なカウンセラーは，「何をすべきか」を考え，沈黙対処法のような技術を求める。「沈黙の時カウンセラーはどうすべきか」という問に対する回答は，正しい技術についての知識よりも，沈黙しているクライエントを理解することのなかに見出されると言われている。
　では，クライエントはどういう時に沈黙するのであろうか。沈黙を通して何を伝えようとしているのであろうか。次のような場面が代表的なものといえよう。たとえば，
　①クライエントは，カウンセラーの言葉を聞いて，自分の考えをまとめたり，話す言葉を選んだりしている時沈黙する。この場合に

は，クライエントが話しだすまで待つべきである。

　②何を話したらいいかわからなくなり，カウンセラーが質問してくれるのを待っている沈黙もある。

　③カウンセラーとの話が一段落し，次に進むときにも沈黙する。この場合には，クライエントが満足した表情をすることが多いので判明しやすい。こういう沈黙の時には，沈黙しているクライエントの気持ちを理解したことを簡単な言葉や表情で伝えるだけで十分であり，次の過程に進むための質問をするのもよい。

　④クライエントは，カウンセラーに反感を抱いたり失望した時，その不満感を言葉で表現せず，沈黙してしまうことがある。こういう沈黙の意味は，クライエントの表情やカウンセラーに対する態度によって伝えられるであろう。この場合には，直接的質問や沈黙の意味についてたずねるようなことは避け，クライエントの体験している失望感や反感の気持ちを受け入れることが先決である。

　⑤面接の初期に起こりやすい沈黙には，カウンセラーに対する敵意を意味する沈黙もあれば，恥ずかしさや困惑を表現している場合もある。いずれにしても，こういう場合は，クライエントが安心して話せるようになることに努力を集中することが必要である。

　沈黙がいろいろ重要なことを表現しているからといって，その意味を常に正しく捉えなければならないと思う必要はない。正しく捉えることに焦ったり不安になったりするよりも，自分がそれまで理解したことを表現してみたり，「黙ってしまわれているので，どうしたのか気になる」というふうに自己開示をしたり，あるいは沈黙している様子をみて，「黙った方がよさそうだ」と思ったら，カウンセラーも沈黙することで，クライエントが話し出すまで待ってみるという行動をとることもよい方法であろう。

(4) 観察する力

カウンセラーに不可欠の技能は言語的コミュニケーションであると述べたが, その言語的コミュニケーションを効果的に行うためには「観察能力」が必要である。アイヴィは,「基本的かかわり技法」の一つとして「クライエントを観察する能力」の重要性を指摘しているように, これは非常に基本的能力である。カウンセラーに必要な観察力とは, 具体的に次のようなことができることを意味する。

①クライエントが非言語的手段で表現していることを, できるだけありのままにみること, つまり, クライエントの目や顔の表情, 身体全体の動き, 座り方や歩き方, 話し方, 声の高低や大きさなどを通して, クライエントの経験している情緒的・感情的な世界を理解すること, 言いかえれば, クライエントが非言語的コミュニケーションで伝えていることに気付くことである。

②自分とクライエントとの間, また, グループ場面などでのメンバー同士の関係, およびメンバーが醸しだすグループ全体の, 心理的雰囲気とその変化に気付くこと。

③観察したことを, なんらかの形で, カウンセリング・プロセスのなかでフィードバックする。観察する理由は, ただクライエントの感情面に敏感になり, 自分で納得するためではない。必要と判断した時, 適切な方法で観察したことはクライエントに伝えたり, 観察したことに基づいてカウンセラーが援助行動を決めて実践することも, フィードバックする。

非言語的表現は, 言語的に表現されたことと同じとは限らない。たとえば, あるクライエントが, カウンセラーの「安心できた?」という問いかけに対して「安心しました」と伏し目がちで呟くような声で答えたとしたら, どうであろうか。クライエントの話している姿を見, 声を聞けば, 本当に安心したようには思えないのではないだろうか。観察するということは, 疑うことではない。事実に敏

感になることである。その姿を見て「安心したいのだろうが，なにか気にかかることがあるのではないかな」と思いやることである。そして，必要とあれば，非言語的に伝えられたことを，カウンセラーは，「何か気になることがあるのではないかなと思うけれど」というふうに，クライエントの非言語的表現を自分の言葉で言語化してみることでクライエントの表現を助けることができるのである。

　非言語的なコミュニケーションは，「話しているその時」のクライエント，およびグループ全体の情緒的・内的状態を伝えている。しかしそれをクライエント自身が意識しているとは限らない。観察するということは，クライエントの経験していることを正確に捉えることでもないし，まして無意識の世界を診断することでもない。カウンセラーと向かい合っているクライエントが言葉と行動で表現していることに敏感になり，それらを理解しようとする態度をもつことである。また，観察力とは，時間とともに変化する対象を刻々と追っていける力のことである。

　人は，言葉とそれを話す時の感情の両方をもって，自分の言いたいことを表現する。両者が一致している場合もあれば，一致していない場合もある。したがって，耳に入る言葉だけでなく，話しているときのその人が経験している内面的（感情の）世界に関心をもつことが大切である。カウンセラーは，表出される部分を観察する力をもたねばならない。

　観察力でもう1つ重要なことは，カウンセラー自身が自分の内的・感情的な状態と変化を観察できることである。これは一般には自己知覚とか自己認知といわれることと同じであるが，要は，自分を客体化して観察できることである。

　観察力は，クライエントが言語的コミュニケーションを効果的に行うためにも，カウンセリング・プロセスを進めるうえでカウンセ

ラーが意思決定や判断をするためにも重要である。

(5) カウンセリングを構成する力

カウンセラーにとってもう1つの基本的能力とは，カウンセリング・プロセスを構成する力である。カウンセリングの構成とは，カウンセラーがクライエントに，カウンセリングの目標と限界，自分の方針や進め方などを理解させることである。

カウンセリングの構成は，初回のセッション全体を通して行われることであるが，構成する方法はアプローチによって異なる。たとえば，ロジャーズは，カウンセラーが言葉で説明するのではなく，それとなく構成されたほうがよい（Rogers, 1951）という立場をとるが，行動主義的アプローチでは，カウンセラーが適切なときに明確に説明すべきであるという立場をとっている。筆者はその中間の立場をとる。つまりクライエントの年齢や心理的状態，カウンセラーとの関係のつくりぐあいなどを考慮して，言葉で言ったほうが効果的な場合には明確に説明するが，一般的には，カウンセリング・プロセスを進めながら構成していく。カウンセリングの構成のなかでも「面接時間を告げること」はもっともよく知られていることである。これは開始後なるべく早いうちに，しかも「言葉で」伝えたほうがよい内容であろう。だからといって，常に，クライエントが腰掛けると同時に伝えなければならないということではない。大切なのは，カウンセリングを構成する目的を認識し，それにかなうように実践できるという能力（例，面接時間を告げるべき時を判断し，実行する力）をもつことである。

カウンセラーがカウンセリングを構成する目的は，

①クライエントがカウンセラーおよびカウンセリングについて，現実的な期待をもつこと，および

②カウンセリングの方策および目標についての理解をもつこと，

を援助することによって,「クライエントがカウンセリングの方針を知り,自分がここですべきこと,期待できることと期待すべきでないことを認識し,自分の責任をとるようになる」ためである。

4 カウンセラーに求められる個人特性（行動特性）

「どのような人がカウンセラーに適するか」は,カウンセラーを目指す人にとっては関心のあることである。その答えとしては,特別の人でなければなれない職業ではないが,専門教育を受けられる知的水準と「知的および心理的に柔軟性」を備えていないと,有能なカウンセラーになるのもむずかしく,またカウンセラーとして働くことも苦情の多いことになるであろう,ということである。

どういう人がカウンセラーになれるかというよりも,有能なカウンセラーとなるためには,どのようなパーソナリティを発達させる必要があるかを考えるべきであろう。アメリカ・カウンセリング学会は,カウンセラー教育のプログラムの基礎資料のなかで,「専門家としてのカウンセラーに求められるパーソナリティ特徴」を列挙し,「そのような行動がとれるかどうか」を自己評価したり,スーパーバイズすることを勧告している。これらは,要するに,いわゆる静的なパーソナリティ傾向としてではなく,求められる行動特性であり,かつ,これらはどれも発達可能な特徴として提示されている。

その行動特性として,
①頑固ではなく,オープン・マインドである
②「あいまいさ」に忍耐できる
③情緒的安定,心理的確実感,強さと自信,勇気をもって行動する力などを行動で表わせる
④「未来志向的な精神」を行動化できる

⑤高度の忍耐力をもつ（わずかな変化にも気付き，変化を待つことができる）
⑥ユーモアのセンスをもつ
⑦創造性を発揮できる
⑧自己受容ができる
⑨自己理解ができ，特に自分の情緒的限界を自覚している
⑩知的，論理的に問題の発見，考察，推論，解決ができる
⑪適切な寛容さをもてる（自分と異なった意見や価値，信念などに対して客観的になれ，外部の評価を恐れないなど）
⑫個々人の独自性を尊重し受け入れられる
⑬客観的でいられる（他者の問題や感情に溺れない，他者の評価を恐れない，他者と適切な距離をおける，他者の変化を認識できるなど）
⑭自己の限界を洞察し，他者の援助を求める謙虚さをもつ
⑮自己の長所や強さを認識できる（Dameron, 1980）

　よく「カウンセラーは何でも受け入れてくれる優しい忍耐力のある人」と言われるが，筆者の経験では，有能なカウンセラーは，確かに繊細で敏感で，他者に対して心配りができるが，同時に非常に冷静で，論理的に現状を分析，認識し，現実的で必要な時に明確なはっきりとした決断のできる人である。また，なによりも，常識のある，社会的に成熟した人である。上に掲げた特徴が，発達し続けるものであるから，カウンセラーは専門家として，自己に気づき，自己理解を深めながら絶えずそれらを発達させるように努力することが求められている。

第6章

プロセスとしてのカウンセリング

　カウンセラーは，その専門家としての独自性を発揮して社会に貢献するためには，カウンセリングという介入行動以外にもいろいろな機能を果たせることが期待されるし，またそうした機能が果たせる能力をもつことが望ましいことはすでに述べた通りである。しかし，カウンセラーのカウンセラーらしさは，カウンセリングというプロセスのなかで，あるいはその延長線上で，それらの機能を果たせることである。その意味で，カウンセリングはカウンセラーの全行動を統合するプロセスであるとも言えよう。カウンセリング心理学の入門書としては，カウンセリングの定義の核である「プロセス（過程）」という角度から，カウンセリングの特徴を明らかにしておくことは意味があると思われる。

1 プロセスとしての条件

　カウンセリングは心理学的行為であることはいうまでもないが，カウンセラーの実践場面をみて，「カウンセリングは芸術である」とも描写される。それはカウンセラーになるのはちょうどプロの画家になるのに似ているからである。プロの画家になるためには，絵を描くためのさまざまな基本的知識や技能を習得し，その上でその人独自の手法やアプローチを開発する必要がある。絵を描く技能や手法を身に付けただけではプロの画家にはなれない。それらを統合させて独自の絵画が描けなければならない。カンバスに描かれたものは，テクニックや絵の具の集合ではなく，画家が意図した別の1つのまとまりである。同様に，カウンセリングもテクニックや知識の集合ではなく，独自の1つのまとまりになっていなければならない。

　カウンセラーは，画家と同様，習得したテクニックや技法，理論などの知識を，カウンセリング・プロセスのなかで自分らしく統合させられなければならない。その意味では，プロセスはカンバスに似ているかもしれない。プロセスがなければ，カウンセリングは描けないのである。そこで，まず，「プロセス」としての条件に焦点をあててみたい。

　ウェブスター英語辞典の「プロセス」の項をみると，次のように説明されている。すなわち，

　「プロセスとは，完成を目指して一時点から次時点へと発展的に前進する活動，あるいは，特定の目標や成果を目指して体系的に方向づけられた，一連のコントロールされた活動や動きから成る，継続的で漸進的な動き，または，一連の活動や経験が継続するこ

とである」。
この定義から、ある行動をプロセスとよべる条件を抜きだしてみると、その行動が
　①特定の目標と達成されるべき成果を明確にもっていること
　②その目標を目指して、発展的かつ継続的に前進するという方向性をもっていること、および
　③目標に向かって体系的にかつコントロールされた一連の動きから構成されていること、である。

2　プロセスとしてのカウンセリングの条件

　カウンセリング・プロセスは、カウンセラーと、何かの援助を求めているクライエントとが、問題解決を目的として新たに接触した時に開始され、一般にはその目的が達成されたことをもって終結する時間的流れである。そのような開始から終結までの過程は、一回のセッションでカバーされる場合もあれば、数回のセッションを必要とする場合もある。カウンセリング・プロセスという場合、開始から終結までの全体を指す場合と、全体を構成する各回のセッションの開始から終了までの時間的経過を指す場合とがある。いずれの場合もプロセスとしての条件を備えておく必要がある。そこで、プロセスとしての条件に合わせて、カウンセリングという介入行動を見直してみたい。

(1) カウンセリングを通して達成されるべき成果、言いかえれば、カウンセリングの目指す目標を具体的、かつ明確に示すことができなければならない。

　これは、プロセスの基底をなすもっとも重要な条件である。カウ

ンセリングは単なる温かい人間関係でもなければ，傾聴することでもないことはここから明らかであろう。第1章のカウンセリングの定義のところで述べたように，「カウンセリングは個人が建設的な意思決定というかたちで行動をとれるようになることを目標としている」ことを再度思いだしていただきたい。また，目標が明確であるということは，カウンセリングの効果性を評価するためにも，またカウンセラー自身が自分のカウンセリングを点検し発展させるためにも必要である。つまり，クライエントはカウンセリングの終結時には，カウンセリングを開始したときと比べて「問題解決に向かってとるべき行動が明らかとなり，それを実際に行動に移すという決心をする」という成果が達成されているかどうかが，評価の基準となる。

ちなみに，カウンセラーがカウンセリングを通して達成すべき成果とか目標の内容やその具体性の程度はカウンセリング理論やアプローチによって異なる。たとえば，ロジャーズは「自己実現」というかなり抽象的な表現で目標を説明している。それに対して，行動主義の立場にたつカウンセリングアプローチでは，非常に具体的な行動目標を設定する。両者は一見異なるかのように見えるが，具体性の程度で違いがあるだけであって，両者は同じ方向を目指しているという意味では一致している。

最近では，ロジャーズのような究極的目標ではなく，その究極的目標にいたる具体的行動（意思決定）と内容で，目標を示すことが求められている。その理由は，カウンセリングの効果性の評価のためと，カウンセラーとクライエントがともに自分たちの行動目標について同一のイメージをもてるからである。他方，たとえば，自己実現を目標とする場合，「どのようになったら，その目標が達成できたか」については，個人差が出るであろう。それに対して，「意思決定をしたか否か」ということは誰がみても明らかである。

いままで述べたカウンセリングの行動目標は、あるカウンセラーとクライエントとの間のカウンセリング・プロセス全体の目標のことである。しかし、その全プロセスが数回のセッションを必要とする場合には、各セッションがさらに具体的な目標をもつことを意味する。この場合、カウンセリングの開始時点では、何回のセッションを要するかはわからないのが現実である。したがって、実際には、次のセッションを必要とすることがわかった時点、つまり、各回のセッションの終了時に、次のセッションの目標を話し合うことになる。このように両者が目標を明確にすることは進行方向を指し示すだけではなく、それまでのセッションを振り返って反省するためにも役に立つ。

各セッションの行動目標の内容は、クライエントの問題の困難度だけではなく、クライエントの心理的状態、カウンセラーとクライエントとの関係のレベル、および、カウンセラーの能力によって異なるであろう。また、各行動目標をどの程度明確に言葉で表現するかどうかはアプローチによって異なる。たとえば、行動カウンセリングでは目標を明確化すること自体の意味（責任の分担）を評価して、カウンセラーとクライエントが契約書を作成したりする。

いずれにしても、長期間続けられているカウンセリング関係をみると、目的が非常に抽象的なため、成果が達成されているのかどうか不明であったり、担当のカウンセラーの能力では進展の可能性が望めなかったり、さらには、時間的に長く接しているために、依存的関係という、望ましくない結果にいたってしまっている場合がかなりみうけられる。カウンセラーにとって、カウンセリングを終了させたり、途中で他の専門家に依頼したりすることは勇気のいることであるが、専門家として自分の行為を客観的に評価できなければならない。そのためにも、具体的な目標を掲げることは重要なことである。

(2) カウンセリングは，方向性をもち，発展的かつ継続的に前進する

カウンセラーとクライエントとの相互作用は，目標に向かって前進していくものでなければならない。したがって，カウンセリングは単なる「温かい人間関係づくり」ではない。

また，カウンセラーはクライエントとの話し合いが進展し，内容が発展しているかどうか，たえず自分のカウンセリング・プロセスをチェックできなければならない。進展している対話の特徴は，話の流れに継続性があり，時間の経過とともに，内容や話し方がより具体的になり，内容が明瞭になっていくという方向性を示すことである。傾聴することを目的としている人のカウンセリングをみると，クライエントの言葉一つひとつには反応しているが，内容の流れに継続性も脈絡もなく，まして発展性もみられないことが多い。その結果，長い時間を費やしても，堂々めぐりをし，クライエントの自己理解も問題の把握も進まない。「傾聴する」のは，発展性を促進するためでもある。したがって，ただ相手の言う言葉を聞くのではなく，「話している内容，言葉を通して言おうとしていること」を聞くことであり，そのためには，カウンセラーは文脈のなかで対話を行なわなければならない。

カウンセリングの方向性については次節で詳しく紹介する。

(3) 体系的で，コントロールされた一連の行動からなる

「傾聴」がただ相手の言葉をそのまま言い返したり，黙ってうなずくことではないことはすでに述べたように，カウンセラーの行動は，目標の達成に寄与するものでなければならず，かつ連続性がなければならないからである。つまり，体系化されていなければならない。

また，「カウンセリング関係はクライエントがしたいことや言いたいことを許す自由なもの」という意味を「クライエントは何をして

も構わない」と誤解する人がいる。しかし，カウンセリング関係は無法地帯ではない。目標達成と倫理によってコントロールされているのはいうまでもないことである。

したがって，カウンセラー自身がカウンセリングのなかでの自分の行動を意識化し，その結果を評価していなければならない。たとえば，クライエントに対してなにか質問をした場合，「その質問をなぜ，その時にするか」という自分への質問に答えられなければならない。

3 カウンセリング・プロセスの方向性

カウンセリングがプロセスであることの不可欠の要素は，「目標に向かう」という方向性である。その方向性を知ることが，カウンセラーの自己評価の枠組みにもなるし，カウンセリングの評価の指針にもなる。そこで，本書では，理論の違いを越えて，カウンセリングに共通する次の二面からの方向性を紹介したい。すなわち，
① カウンセラーの行動からみたプロセス
② クライエントの心理的経験からみたプロセス，である。

(1) カウンセラーの行動からみたプロセス

アメリカのカウンセラー教育では，10数年，「本当に機能できる有能なカウンセラーを育てるのにはどうしたらよいか」が大きな課題となった。その結果，「特定の理論にクライエントを合わせるのではなく，カウンセラーがクライエントに合わせられること」および，「カウンセラーの行動を神秘化しないで，客観的に評価できるものにすること」が強調され，そのために，カウンセラー教育は，特定の理論やアプローチと特定の技術を習得させることではなく，クライ

エントの状況を客観的に把握し，必要な介入が何であるかを判断できるような知識と能力を習得し，その上で，自分自身のアプローチを構築できることを目指すべきであるという結論に達し，幅広く，既存の理論と技法をひととおり学習させることとした。必要な介入行動とか治療が判明したからといって，自分がすべてそれを実行しなければならないわけではない。自分より専門の人に依頼すればよいのである。

そうした背景のなかから生まれたのが「システマティック・アプローチ」である。カウンセリング・プロセスをカウンセラーの具体的な行動を分析し，それをカウンセラーに必要な行動の単位（モジュール）とし，全プロセスをステップを追ってそのモジュールの連続で表現することによって，カウンセラーに必要な行動を学習できるプログラムを組むというものである（Stewart, 1978）。

ここに紹介するのは，カナダの雇用省が提案したシステマティック・カウンセリング・アプローチ（Bezanson et al., 1982）を土台に，筆者がアレンジし直したものである。つまり，カウンセラーの行動がもっとも集中するポイント（課題）を順序を追ってカウンセリングのプロセスを示したものである。カウンセラーのもっとも焦点をあてる課題の順序性をわかりやすくするために図2のように，直線で連続的に示したが，実際のカウンセリングでは，カウンセラーの行動がこの図のように明確に区切れているわけではない。重点をおく順序性に注意していただきたい。

なお，この図で示した全プロセスは，1人のカウンセラーがあるクライエントと出会ってからそのケースが終結するまでを示すものであり，時間的には15分のセッション1回で終了するかもしれないし，週1回のスケジュールで数週間必要かもしれない。

①カウンセリングの開始…カウンセリング関係の基礎づくり　　カウンセリングは基本的には，クライエントのほうからカウンセラー

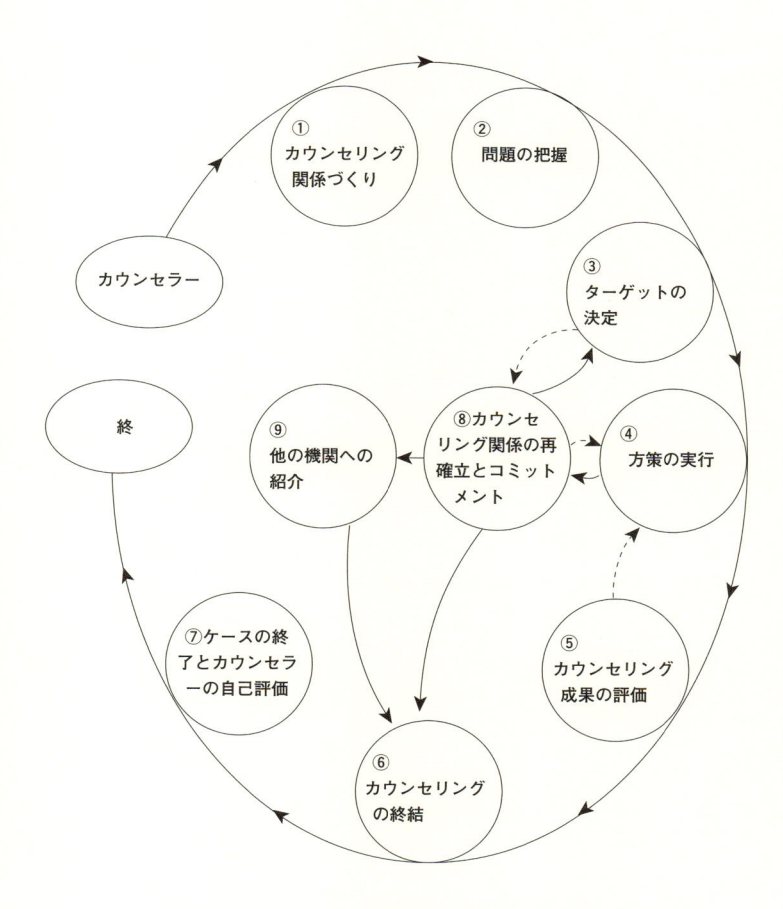

3 カウンセリング・プロセスの方向性 **129**

図2 システマティック・カウンセリングの全プロセス

を訪れることによって始まる自発的なものである。しかし，学校などでは，呼び出し面接や定期面談など，自発的でない形で始まるものもありうる。

　カウンセリング開始と同時に最初にカウンセラーが焦点をあてることは「関係づくり」である。カウンセラーとクライエントの関係はカウンセリングの基礎であり，不可欠の条件である。それは両者が顔を合わせた時から始まる。カウンセリング関係は，プロセスの進展にとっても重要な要素であるので全プロセスを通して，カウンセラーはこれに注意を払わなければならないが，特に，最初の2，3分の雰囲気でその後のカウンセリングの成功を決めると言われるくらいこの時点が重要である。

　「関係づくり」に焦点をあてるために，どうするかについては，すでに前章で説明したように，カウンセラーのクライエントに対する態度が重要である。関係づくりであるからといって，クライエントの問題について話し合わないわけではない。話題はクライエントがカウンセリングに来た理由や期待することを示すので重要であるが，この段階では，具体的な事柄について話しながらも「人間関係を作ること」に焦点をあてるのである。そのため，カウンセラーは問題の把握よりも話しやすい雰囲気であるかどうか，クライエントが話すべきことを話せるようになることに重点をおくのである。

　プロセスのこの段階で，カウンセラーは徐々にカウンセリングの構成にも努める。カウンセリングの構成については前章を参照されたい。

　②問題の把握に集中　　クライエントが解決すべき問題，つまり，カウンセリングに来た理由をはっきりさせるのはそれは容易なことではない。問題の把握には多くの時間を必要とする。問題は決して1つではない。複数の問題が絡み合っていてクライエント自身何が問題かはっきりしていない場合も多い。1つの問題を把握すること

によってそれよりもっと深い問題が明らかになることもある。クライエントの問題がすべて解決しきることなどないと考えたほうが現実的であると思う。その意味で、「クライエントの問題の把握」は、カウンセリング・プロセスの終わりまで続くことであるといえる。

そこで、第2段階は、カウンセラーとクライエントの双方が問題の把握と解決へと取りかかる準備に集中することである。具体的には、そのために、カウンセラーとクライエントの双方が、クライエントのもつ問題やその背景などについて理解し、客観化すること、および、クライエントが、その問題の解決に向かって具体的に行動するという意思の確認をすることである。

③**カウンセリング・ターゲットの決定**　問題の把握のプロセスでクライエントが認識している問題が明らかにされだすので、次は、カウンセラーとクライエントの双方が、このカウンセリングにおいて取り組むべき（解決すべき）問題を確認しあう。緊急度やクライエントが取り組めることなどを考慮して双方で決定する。この段階ですでに複数の問題が絡み合っていることが明らかな場合には、ターゲットの順序を決めることもある。解決すべき問題をどのくらい細分化するかはカウンセリング・アプローチによって異なる。行動カウンセリングでは、とくに、取り組みやすくするために、課題を細分化し、順番をつけて一つひとつ解決していくことによって、最終的な問題の解決に向かうようにすることを重視する。

ここでも、カウンセラーは、クライエントが自分の問題を理解し、取り組める具体的な課題を決定する過程に関与することによって、自己理解と意思決定の力を身に付けることに焦点をあてる。

クライエントが取り組むべきターゲットを決定する過程で、カウンセラー以外の専門家、たとえば医者とか特定の知識をもつ専門家などの援助を求めたほうがよい場合もある。その場合は、図2に示すように⑧、⑨の段階を経由することもありうる。

④**方策の実行**　カウンセラーとクライエントがターゲットと決めた問題の課題を解決する方策を，クライエントが実行に移る段階である。ここでは，クライエントが自分でできること（たとえば，親や教師などの関係者と話す，情報収集とか学習スキルの訓練など），それぞれのカウンセラーが直接関与する場合（たとえば，心理テストを用いたカウンセリング，心理治療，バイオフィードバック，自律訓練など）もあれば，必要なら他の専門家の援助（たとえば，内科や精神科の治療，職業安定所，福祉関係機関，弁護士の援助など）を受けることも方策の実行である。

⑤**カウンセリングの成果の評価**　クライエントが方策を実行し終わったところで，その結果をクライエントとともに評価する段階である。結果によっては，再度方策を実行する場合もある（図2で点線が④に向かって引かれているように）。

ここで，カウンセリングの成果を評価する理由は2つある。つまり，第1に，クライエントが進歩していることを明らかにし，クライエントを勇気付けるためであり，第2にはこのクライエントとのカウンセリングの今後の方針（終結か続行か）を決めるためである。

評価にあたり，カウンセラーは，特に次の点を観察する。

＊ターゲットはどのように実行され，それによってカウンセリングの目標はどのように達成されたか
＊クライエントは方策を実行した今，どんな状態であるか，つまり方策を実行した結果についてどのように評価し感じているか
＊カウンセリングを開始したときと，終了に近づいた時点とではクライエントはどのように進歩しているか，などである。

⑥**カウンセリングの終結**　カウンセラーはクライエントの進歩を観察したうえで，カウンセリング関係の終結を決める。図2のように，問題解決のために，クライエントをカウンセラーが他の専門機関に紹介した場合には，その機関での援助が完了した時点で，カ

ウンセラーのもとに来て，完了を報告する。カウンセラーはここでも，クライエントの進歩の状況を観察し，終結を決める。

終結に際して，カウンセラーはクライエントにカウンセリング・プロセスを振り返り，2人で話したこと，実行したことなどを要約することによって，双方で経験したことを確認しあい，さらにクライエントが自分の変化や成長，獲得したことを認識できるようにする。また，クライエントに感想を話してもらうことによって，クライエントの自己理解を促進したり，カウンセラーの自己評価のデータとすることができる。

⑦ケースの終了とカウンセラーの自己評価　カウンセリングが終結したら，カウンセラーは記録をまとめながら，将来のクライエントのためおよび自分のカウンセリングを改善するために自分のとった方針，クライエントとの関係のつくり方，問題の把握，援助行動や自己表現の効果，終結の仕方などをチェックする。

⑧及び⑨他の機関への紹介　他の機関を紹介することは効果的であるが，その際，クライエントがその意味を理解し，自己決定し，そうすることにコミットする（自分を依託する）ことができるように援助することが必要である（⑧の段階）。クライエントがカウンセラーから「行かされた」と思って行く場合と，自分にとって意味があることを納得して行く場合とでは，紹介された先の専門家との関係においても，依託の効果性においても，さらにその後のカウンセリングの成果においても違いがでる。

カウンセラーが他の機関を紹介する意味を説明する際に，クライエントがどんな気持ちでその説明を聞いているかに注意し，クライエントの気持ちや考え，望みを理解することが大切である。言いかえれば，ここで改めて，クライエントとの関係を確立しなおすことが必要となる。これが⑧の段階でカウンセラーが焦点をあてることである。他の機関への紹介はこのカウンセラーとのカウンセリング

関係を物理的に中断することであるが、カウンセリング関係は終結の時点まで心理的に継続しているので、中途半端で立ち消えになるような終わり方をしないために、紹介の前に、カウンセラーはクライエントとの関係を確立し直しておかなければならない。

(2) クライエントの心理的経験からみたプロセス

次に、カウンセリングのプロセスの方向性をクライエントの心理的経験の側面から描写してみたい。クライエントの心理的経験は大きく分けて2つの方向性からなるV字型にたとえられる。1つの方向は、「下の方に」向かう方向であり、カウンセラーもクライエントも、クライエントの「内面に」焦点をあてるプロセスである。そして、もう1つは、「上の方に」向かう方向で、そこではカウンセラーもクライエントもともに、クライエントの「外部、外界との関係」を見つめるプロセスである。それぞれの方向もいくつかの進展段階からなっている。次に、それぞれの方向を形成する心理的段階を詳しくみてみたい。

「内面へ」のプロセス　最初の方向は、V字の書き出しから、逆三角形の底部へと下っていく方向で、クライエントが自分の外面から深みにある内的経験の世界へ降りている状況にたとえられる。逆三角形の底部はカウンセリング関係において解決すべき行動目標が一応明確になる段階である。

つまり、最初のこの方向性は、カウンセリングにおいてクライエントが解決する問題を明確化するまでの心理的経過を示している。

図2のプロセスと合わせると、①から③の段階とほぼ一致する。クライエントはカウンセラーとの相互作用を通して、次のような心理的過程を経ると仮定される。

①自己探索と洞察を通して自己発見、自己認識をする段階…カウンセラーと自分の問題や悩み、話したいことや話すべきことなどを

3 カウンセリング・プロセスの方向性 135

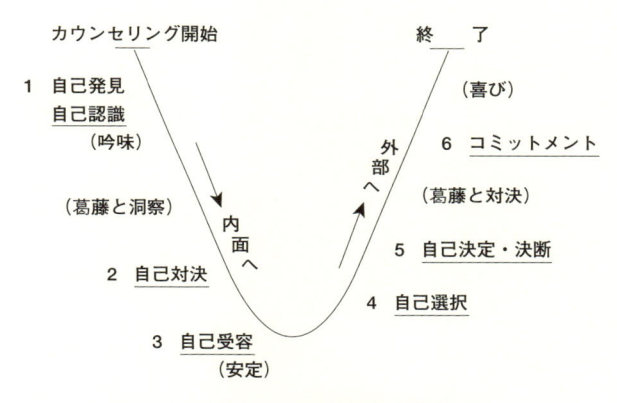

```
        カウンセリング開始           終　　了
    1 自己発見                        (喜び)
      自己認識                 外
       (吟味)              ↓  部  6 コミットメント
                          内  へ
    (葛藤と洞察)           面      (葛藤と対決)
                          へ  ↑
       2 自己対決                5 自己決定・決断
                              4 自己選択
          3 自己受容
           (安定)
```

図3　クライエントの心理的経験のプロセス

話していくなかで，新たに自分の問題に気付き，発見し，認識を深めていく。この段階は，クライエントにとっては，自分の内的世界と対面し，見つめ，カウンセラーに自分を語るために自己を洞察し，発見したり認識したりする心理的経験をするプロセスである。

　②自己対決の段階…自分を吟味していくなかで，みつめたくないことや話したくないこと，そして真に解決すべき問題やその原因に気付きだす過程で，そうして自分の現実と真正面から取り組み，現実認知（ありのままに認めること）への心理的葛藤や，カウンセラーに表現することへの抵抗などを経験し，内面で自己との対決を経験する。

　③自己受容の段階…この段階はカウンセリング・プロセスからみれば，とりあえず，解決すべき問題（カウンセリングのターゲット）が明確になった段階である。

　クライエントは，自己対決を経て，自分の解決すべき問題を認識し，かつそれを解決することが自分の責任であることを受け入れる

という心理的経過を経て、情緒的に安定し、落ち着いた心理状態になる。

　このプロセスは、V字形が象徴するように、単に内面に向かうだけではなく、話の内容を一点に絞っていく過程でもある。つまり、話しはじめは、幅広く、いろいろなことが時には雑然と話され、内容は漠然と広がっていくが、対話を通して徐々に整理され、絞り込まれ、カウンセラーとクライエントが取り組む課題が明確となり一つに決められる。

　「外部へ」のプロセス　　第2の方向は、逆三角形の底部から上に向かって進む線で象徴されるように、解決すべき問題、あるいはカウンセリングの行動目標を達成すべく、方策の実践へとクライエントの目も関心も、具体的行動も自分の内面から外部へと向けられていく。そして最後に、カウンセリング関係を終えて、新しい目と行動で自分の生活の場に入っていく、という心理的経験をするプロセスである。

　図2のプロセスと合わせると④から⑥の段階と重なる。この「外部へ」のプロセスも次のようないくつかの心理的段階に分けられる。

　①自己選択の段階…問題を解決するための、問題の認識だけでは不十分である。それを行動に移さなければならない。そこで具体的な問題解決の方策や行動を探し、検討する段階に入る。方策は一つではない。いくつもの可能性がある。この段階ではカウンセラーのアプローチが影響する。

　②自己対決の段階…ここで再びクライエントは問題解決の主体としての自分と対決する心理的状況を経験する場合が多い。

　いくつかの方策のなかから自分が取り組むものを選ばなければならない。時には、別の専門家の援助を求めることがより効果的な行動であることが認識できたとした場合、信頼できるカウンセラーと

離れる道を選ぶのには葛藤があるであろう。選択にはさまざまな心理的葛藤が伴うが、その葛藤と対決しなければ、問題解決へ踏み出すことはできない。

③自己決定の段階…葛藤する自己に気付き、そうした自己と対決しながら、問題の解決の具体的な行動に移すという自己決定をする段階に入る。「私は、具体的にこうしてみます」とカウンセラーに言える段階である。行動カウンセリングでは、決断を容易にするために、契約書を作製したりする技法を用いる。

④実行の段階…決定したことを実際に行動する段階である。この段階は、クライエントの心理的プロセスからいうと、自己実現の段階ともいえよう。また、オールポート（1966）のいうコミットメントの段階である。クライエントは、自分の決めたことに自分を賭けるのである。問題解決のために自分が選んだ方策が本当に期待したような成果をもたらすかどうかは確たる保証はないので、行動することは、つまり選択したことを実行するのには勇気がいる。しかし、自分の決定に自分を賭けなければ（コミットしなければ）結果も生まれないし進展もしない。自分の選んだことに自分を賭けることによって、行動の主体として自己を実現することができるのである。こうして、クライエントは自立、独立への方向、つまり、心理的発達の方向へと進むともいえる。

2番目のプロセスの説明は、行動の主体としてのクライエントに力点をおくカウンセリング・アプローチの特徴が出ていると考えられる。そのため、問題解決への関与の程度、提供する方策など具体的援助内容は、第1のプロセスのそれらと多少異なるかもしれない。しかし、クライエント自身が経験する心理的変化のプロセスとしては共通すると考えられる。

以上、ここで紹介したクライエントの経験する2つの方向は、V

字のように，それぞれの方向に向かって直線的に進行するわけではない。むしろ，これらの方向に向かって螺旋状あるいはジグザグ状に進むのが実際のカウンセリング・プロセスであろう。大切なことは，カウンセラーが自分の進んでいる方向を絶えず確かめながら，全体のプロセスを把握していくことである。特に，クライエントの心理的変化は，カウンセラーが自分の介入行動を評価したり，カウンセリングの方針を確認したりするための指標として非常に重要なものである。

カウンセリング・プロセスの第2の方向性は，クライエントだけの心理的過程ではない。実をいうと，カウンセラーも同様の心理的プロセスを経験しているといえる。カウンセラーは，一人ひとり異なるクライエントと向かい合うプロセスのなかで，絶えず，自己選択と自己決定，そして，実行の各段階を経験しているはずである。カウンセリングという行為の目標に向かって，カウンセラー自身，絶えず「自分が何をしているのか，どこへいこうとしているのか」を自分に問いかけながら，自己対決と選択と決断を繰り返し，その結果がクライエントへの質問，問いかけ，忠告，沈黙などの行動となって現れているのである。

なお，ここで紹介したプロセスは，カウンセラーの行う教育的発達的プログラムにも適用されるものであることを付けくわえておきたい。

4 「吟味」と「依託」の過程

本書は，カウンセリング心理学への入門書として，その独自性とその実践家であるカウンセラーのアイデンティティを明確にすることに努めてきた。それは，同時に，深遠な人間存在に直接かかわる

4 「吟味」と「依託」の過程　139

分野として，学問としての限界を認識するためでもあった。限界があるからこそ，何ができるかを明確にし，できることを可能な限り実現することに努めるのが専門家ではないかと思う。

多くの読者はカウンセリング実践に直接役立つ技法やノウハウ，具体的なケース例などを取り扱わなかったことに不満を感じられるかもしれない。しかし，そのような期待を承知の上で，本章ではカウンセリング・プロセスだけを取りあげた。その理由は，先にも述べたように，カウンセリング・プロセスこそカウンセラーの仕事の中核であり，カウンセラーの全人格と能力と知識と経験が統合される場であり，また，カウンセラーという専門家の専門性が凝縮されている時間でもあるからである。

かつてオールポートはカウンセラーの仕事の独自性を「吟味と依託（コミットメント）の過程を援助すること」と述べた（オールポート，1966）。吟味も依託もクライエント自身の行為であって，他者は替わってやることのできないことである。上述したカウンセリング・プロセスの2つの方向性はどちらも，カウンセラーは「クライエントが自己および問題の『吟味』をし，かつその結果に自分を『依託（コミット）する』こと」を援助し，そのプロセスのなかでクライエントが（そしてカウンセラーも）経験していく心理的変化を描写しているものと言えよう。

さらに，カウンセリング（個別およびグループ）という介入行動だけではなく，カウンセラーが関わるそれ以外のすべての活動（たとえば，退職準備プログラムとか自己啓発プログラムなどの教育的活動など）においても，「吟味と依託を援助するプロセス」を枠組みとするとき，真にカウンセラーらしい独自性が発揮されることとなることを指摘しておきたかったのである。

最後にもう一度，「カウンセリングは言葉を通して行われる，ダイナミックな相互作用（関係）を土台として繰り広げられるプロセス

である」という特徴をもつことも思い起こしていただきたかったからである。カウンセラーのさまざまな専門的行為は，言語を通して，かつ，両者の相互作用と双方の意思決定のなかで行われるものである，ということである。

　ジャック・ラカン（J. Lacan）の「言語は何かを意味する前に，誰かに対して意味する」（宇波，1995）という言葉こそカウンセラーの仕事の真髄をさしているのではないだろうか。

第7章

カウンセラーと倫理
―専門職としての条件―

　日本においても,「カウンセラーは専門職なのか?」を問題にする時代は終わったと言ってもいいのかもしれない。その証拠にカウンセラーの資格が関係団体はもとより行政的にも大きな課題となっているからである。ウッディら (Woody et al., 1989) は「専門職化は社会が生み出すものである」と言うように,日本社会はいまやカウンセラーたちに専門的サービスを期待し,かつ専門家にふさわしい行為（社会が是認できない行為をしないこと）ができることを要請しているという事実がある。これからは,カウンセラーの教育にかかわる人々が,カウンセラーと名乗る人々が専門職としての条件を満たすように教育することが社会に対する義務となるのである。
　すでにカウンセラーを養成する機関が急増し,それぞれが認定条件を設け,資格を発行していることは周知のことである。「資格制

度」を設けることは確かに専門職化への道であるが，カウンセラーに関する日本の資格制度はある意味で非常にユニークであるといえよう。社会が，他の専門職と区別でき，「カウンセラーという職業」に共通する資質を所有していることを認識できるものではないからである。極端な言い方をすれば，関係者の間では納得していても，社会は「どの資格の保持者が本当のカウンセラーなのか？」と問いたくなることが起きる。筆者があえて「これからは，カウンセラーと名乗る人々が専門職としての条件を満たす……義務がある」と言ったのには意味がある。それは，カウンセラー教育において，専門職としての条件については部分的にしか検討されてきていないからである。

最近，カウンセラーのための学会や認定団体が会員のための倫理規定を作成するようになった。このような動きは，カウンセラーが専門職となる条件の1つを満たすこととなる。しかし，倫理規定だけでは専門職とはなりえない。倫理規定を専門職としてのその他の条件と統合させられるようにカウンセラーを教育する必要がある。ちなみに，アメリカのカウンセラー教育は，「専門家としての準備」という科目名の単位を修得することで，全課程の学習を修了するようになっており，学生は，そのなかで具体的ケースを用いて倫理も学習し，インターンで専門家の生活を体験しながら倫理的行為を確認するのである。

そこで，本書においても終章で，専門職の条件と，「カウンセラーの倫理」を一緒に考えてみたいと思う。

1 専門職と倫理

professional（専門家，専門職）はラテン語の *professio* を語源と

しており，もともとは修道者になる人が公けに誓願をたてること，また誓願式を指す言葉であったが，後に広く「公言，宣言」とか「職業とか専門」を意味するようになり，さらに，J. B. キウラによると，「職業につく時に，儀式にのっとって公に約束したり誓いたてる」職業を意味するようになったようである。中世，公に誓いをたてたのは聖職者だけであり，その聖職者たちは学者，法律家，医者を兼ねていたのである。クラフトマンには「手を使って働く」意味があるのに対して，プロフェッショナルには頭脳（minds）を使って働く意味が含まれているのもそのためかもしれないが，キウラはもっと明確に，「当時専門職としての核となる3つの規準」があったことを説明し，それらは現在にも通用すると指摘している。その3つの規準とは，すなわち，

第1の規準は，正式の専門的訓練プログラムと，その訓練の妥当性，有効性を承認するための何らかの確立された組織による認可課程（一般には高等教育機関を指す）を必要とする，ということである。「この訓練の最も重要な部分は，その専門職のもつ文化的伝統をマスターすることを要求するということである。たとえば，医者の場合は，害さないことの重要性を学ぶ。弁護士は自分のクライエントを弁護する責任について学ぶ」ということである（Ciulla, 2000, p. 67）。

第2の規準は，その専門職で使用するスキルを明示し，開発しなければならないということである。たとえば，弁護士の場合ならケースの準備の仕方，医者なら一連の医学的手続きの仕方などが研究され，学習可能なように開発されているという意味である。この規準が意味することは，専門家となる過程とその専門家に期待できる内容が世の中に公表されているということと同時に，専門職に必要なスキルを習得し，必要な能力を身に付けられれば（一般にはプログラムを修了し，資格試験などによって評価されるという，客観的

で平等性を保つプロセスによる），大方の人がつくことができるということである。別の言い方をすれば，専門職とは，生まれながらにして特別の素質や才能をもった人でなければつけないものでもなく，特別な極意や先達に絶対的服従の精神で付き従い，その人の許可が得られなければつけないというものでもないということである。

第1の規準と第2の規準は，専門家集団に対して，その専門職の特徴，目的，社会が期待できる内容を明確に定義し，それに答えられる人材を育てられる教育プログラムを公表することを要求しているということとなる。これらの規準は，専門家集団をリードする人々に対して，弟子を作ることと専門職の一員となる専門家を育成することとの違いを認識して行動できるなど，大きな課題が呈されているように思われる。

第3の規準は，その職業が社会的責任を果たしているかどうかを検証するための制度化された手段をなにか備えていなければならない，ということである。現在ではこれは，その職業に従事する人々同士が相互に専門家としての成長を促進し合えるように専門家集団（学会や協会）を組織している。そして，この規準の精神を生かす手段として倫理規定を作成し，メンバーが，専門家としての社会的責任を果たすための一定の指針として提示しているのである。

カウンセラーが専門職として社会に認知されるためには，以上の3つの規準を満たしている職業集団となっていることが必要最低限の条件なのである。日本にはカウンセリング関係の学会，まさに職業化集団がいくつも存在しているわけであるから，それらの集団には，これらの規準に照らして，自分たちの職業のもつ社会的責任を専門職として果たすために努力することが求められているわけである。カウンセリング界の現状を振り返るとき，「教育訓練カリキュラムがある」「資格制度ができた」「倫理綱領を制定した」というだけでは，カウンセラーが専門職として認知されるのには不十分である

ように思えてならない。3つの規準は実は相互に深く関連しあっており、その背景には「社会への責任を果たす」という理念があることを忘れてはならないと思う。言いかえれば、専門家同士の視点で自分たちの行為や職業をみるのではない。「カウンセラーはしかじかのサービスができる」と社会に公言することも大切であるが、そのように宣言したサービスを「社会が真に必要としているかどうか」を謙虚にみつめ、さらに、もっと重要なことは、社会がカウンセラーに対して「是認することができない行動がある」ことを認識する姿勢（Woody et al., 1989）をもつことが前提であるということである。

専門職と倫理について考えるとき、キウラの「専門家であること」についての説明は根源的なことのように思われる。すなわち、「専門職の最も際立った特徴は、仕事における自律性である」（同書 p.68）ということであり、「専門家として行動するということは、自己の情動をしっかりとコントロールできることを意味する」（同書 p.122）。言いかえれば、専門家というのは自己責任と自己管理ができることが求められるということである。カウンセラーが社会に対して専門家として社会から認知されるためには、一人ひとりのカウンセラーが、より自律的で、自己責任を負い、自分の情動をコントロールして行動できるように訓練されることであり、このような基本的態度があって初めて倫理綱領が意味をもつのである。

ウッディらはカウンセラーの倫理に関する議論のなかで、専門職の倫理を構成する要素として次の点をあげている。すなわち、人々の善を目指して多様な行動を視野に入れなければならないが、専門職にある人の行為は、認識をもって起こるものであり、個人の責任、義務、コントロールを伴って起こるものであるから、専門職の倫理には、自己規制という理念が内包されているということである。これを言い換えると、専門家の資質として、自己監視できること、人から言われて守るのではなく、自分の行動を自己判断できること、

という理念が背景にあるということである。この指摘はキウラと一致する。要するに，カウンセラーに倫理綱領が必要なのは，仕事の中身が援助的で，他者の生命などに関わる仕事であるからではなく，専門職につく人，専門家と呼ばれる者に問われる非常に根源的な理念から出発しているということが言えよう。

　社会生活の資質を維持するために人の守るべき道として，人間社会には，国家が決める法律から，宗教や文化，学校や企業のような組織や機関などがさまざまの規範や規則を設けている。そうしたさまざまな規則，規範のなかで，倫理とは「宗教や神学などを基盤とした，天啓や超越者にたよる道徳律とは異なり，また法律のように外的圧力として機能するのものでもなく，むしろ人間相互の関係のなかで，個人が理性を使い認識して，自分から望んで行う意味あいの強い規範であるが，個人の日常的な道徳的経験に基づく行動以上のもので，一貫性と統一性がある」とウッディらは説明している。

　K. S. キチェナーら（Kichener et al., 2001）は，法律はミニマムスタンダードで，カウンセラーも社会の一員として守らなければならない（must）行動を意味するのに対して，倫理は，道義的意思決定に関する規範で，最善の行為を実現したいという希求をもつ専門家へのガイドのようなもの（should）であるので，倫理綱領とは，専門家集団としてのカウンセラーにとって善とか正義とみなされる行動を意味するものと説明している。他方で，専門職は社会が生んだものであるというのはそういう意味である。社会への責任は考えるならば，このように絶えず社会が変化する時代には，教育内容や倫理規定などが永久不変のものでありえないことを認識してもなお社会に対して最善を尽くすということであることはいうまでもないことである。

　独自な専門性をもつ自分たちが社会に対して，どのように貢献でき，何はすべきでないのかを真摯に検討し，カウンセラーを専門家

として育成するための努力を怠らないことこそ，専門職の団体としての学会や協会の倫理なのではないであろうか。

2　カウンセラーと倫理綱領

　専門職のための倫理綱領は専門家団体や機関が作成するものであり，その団体や機関に所属する者だけが遵守する義務を負うものであるので，カウンセラーであっても倫理綱領を提示している団体に属していなければ適用されないことになる。しかしカウンセラーと名乗って働くためには社会的に認知された教育プログラム（倫理綱領を反映したものである）を修了する必要があるし，専門家としての倫理的行動がとれることを世間に証明するために資格を与えるのであるから，結果的には専門家としてのカウンセラーは倫理綱領を行動の原則として受け入れることになるはずである。

　日本の場合，カウンセラーという職業に関する統一された倫理綱領はなく，関係団体がそれぞれ制定している。本書では日本カウンセリング学会認定カウンセラー倫理綱領（1997年7月に施行）と日本産業カウンセラー協会・産業カウンセラー倫理綱領（1999年6月施行）を代表的なものとしてとりあげることとする。これらの日本の倫理綱領はどちらも20世紀末に作成されたものであり，歴史も短い。そこで，両者の内容の概略を紹介したうえで，これらの綱領のモデルとなったアメリカのカウンセラーのための倫理綱領を概観し，日本におけるカウンセラーの専門職化についても考えてみたい。

(1) 日本の倫理綱領の内容

　まず最初に日本カウンセリング学会が認定カウンセラーのために制定した倫理綱領（1997）の内容をみてみたい。

前文と6つの条文17項目から構成されている。前文では倫理綱領の趣旨が述べられている。その内容は「学会認定のカウンセラーがその専門的職務の遂行に際して，その適正を期するために，必要な基本的道義的責任事項を掲げる」となっている。そして，それに続く6つの条文と見出しは，以下の通りである。

1条．クライエントに対する責任

クライエントの人格的成長と福祉とを促進するように努めなければならないことを記し，その具体的な内容として，クライエントとの関係においてビジネス関係や性的関係のような二重関係を結んではならないこと，クライエントとの結婚関係はカウンセリング終結後1年以上経ていること，適切な場所と時間に職務を遂行すること，セクシュアル・ハラスメントを生じないように配慮すること，および業務内容についてはクライエントの理解と了承（インフォームド・コンセント）を得なければならない，という文章に示された5項目である。

2条．守秘義務

クライエントとの秘密の保持の厳守について記し，必要が生じて公表する場合の注意と，研究発表などの場合の注意（同意を得たり，匿名性を確保する）を述べた2項目からなっている。

3条．専門家としての能力と責任

専門家としての能力と資質を身に付けなければならないことを記し，そのための具体的内容としては，自己の限界を知り研鑽に励み職務を遂行すること，他の専門家の援助を必要とする場合にクライエントないしはその保護者の同意を得て，速やかに委嘱すること，カウンセラーとしての公言発言についての注意，そして心理テストの使用に関する注意という4項目からなっている。

4条．金銭に対する取り決め

クライエントまたは支払いをする第三者が納得のいく金額を提示することとして、過剰な支払いを求めてはいけないこと、そしてカウンセリング開始の前に料金を提示することと、一括前払い方式のときの注意事項を示した3項目からなっている。

5条. 宣伝・広告・教育・管理

カウンセリングについて適切な情報を提供することとして、具体的には、事実に反することや過剰な期待を抱かせるような宣伝や広告をしてはならないこと、クライエントから要求されたなら自分の受けた教育や訓練について情報提供しなければならないこと、カウンセラーが教育指導やスーパーバイズ下にある場合でもこの倫理綱領は適用されることという3項目が示されている。

6条. 罰則

この綱領に反する行動を行った場合には、倫理委員会の調査の結果、除名を含む処分の対象になること記した条文である。

なお、ここでは、日本カウンセリング学会の考える倫理的行為とはどのようなものであるかを把握することを目的したので、各項目の内容はある程度要約して紹介した。要約ではあるが、今カウンセラーが日本の社会のなかでどのような問題に直面しているか、あるいは直面しうるかを把握することはできるし、また学会として、カウンセラーをどのような専門家として育成したいと思っているかなどを垣間見ることができるであろう。なお、倫理綱領に関心のある方は直接学会に問い合わせてみることを推めたい。

つづいて日本産業カウンセラー協会の作成した倫理綱領も見てみたい。当協会は、産業カウンセラーの活動分野の変化に対応すべく、1971年に策定した最初の倫理綱領を見直して1999年に現在のものを公表した。構成は前文と19条からなっている。さらに19の条文は3つの章にくくられている。前文では改訂の経緯と倫理綱領の趣旨が

次のように記されている。すなわち、「社会人の守るべき道義上の生活行動規範を踏まえて、産業界で産業カウンセラーがその専門的援助行為の遂行にあたって必要とされる道義的事項とそのあり方」と、「新たに産業カウンセラーを志す人々が遵守すべき姿勢の道しるべ」として定めるとある。「社会人としての道義上の生活行動規範を踏まえて」という文章を挿入したことで、協会のもつ産業カウンセラーのイメージが髣髴としてくる。

(2) アメリカ・カウンセリング学会の倫理綱領

アメリカのカウンセラーが所属する専門家集団の代表はアメリカ・カウンセリング学会（American Counseling Association）である。博士号をもつカウンセリング心理学者の場合、その他にアメリカ心理学会の第17部会「カウンセリング心理学部会」等に所属するのが一般的である。両方に属するカウンセラーは両方の倫理綱領に従うわけである。後者には心理学者全般のための倫理綱領があり、カウンセラーに限定されているわけではない。それに比べ、前者のアメリカ・カウンセリング学会が定めた倫理綱領はまさにカウンセラーという実践家を対象としている。そこで、本書では、アメリカ・カウンセリング学会が会員のために策定した倫理綱領に基づいて、アメリカにおけるカウンセラーの倫理を考えてみたい。

上述したように、倫理綱領とは絶対的な法ではなく、カウンセラーが社会に対して専門家としての行動を公言するための指針ということができる。したがって、倫理綱領は社会環境の変化に伴い、必要に応じて改訂されなければならない。アメリカ・カウンセリング学会はほぼ10年ごとに改訂してきた。改訂といっても、それまでの内容を変更するというよりも、同一の視点でさらに詳細な説明を付記したり、新しい条文や項目を追加している。最新のものは1995年の改訂版である。この前は1988年に改訂されている。10年に満た

ないが，カウンセラーを取り巻く環境が大きく変化して，カウンセラーも新たな問題の挑戦を受けるようになってきたため，1993年から改訂作業に取り掛かったとのことである。

　倫理綱領の変遷をみると，アメリカにおけるカウンセラーのイメージが非常に具体的になるし，カウンセラーという専門職がどのように認知されてきたかも明らかになるので，本来なら倫理綱領の全文を紹介したいところである。しかし，かなりのページを要することと，アメリカと日本ではカウンセラーを取り巻く環境が非常に異なるので，ここでは条文だけを列挙することにとどめることとする。条文は「……に関すること」というだけなので，実際の倫理的行動とはどのようなものなのかを知るのはかなり困難であることも確かである。そのような限界を承知の上で条文を紹介するのは，まず，「倫理とはどういうことか」を理解するのに役立つと思われるからである。次に「クライエントの福祉と保護とはどういう意味なのか」をもっと深く理解するのにも役立つであろう。さらにアメリカにおけるカウンセラーという専門職がアメリカ社会でどのような活動をし，どのような問題にぶつかり，専門家の倫理がそれぞれの時代に生きる個人と社会といかに密接に関係しているかを理解するのに役立つと思われるからである。また，いずれ日本においてもカウンセラーが専門職として認知される時代がくることを期待して，カウンセラー教育に携わる者の責任を考えるのに貢献できることを期待してもいる。

1988年版は序文と8つの章，100項目から構成されている。その概略は次の通りである。
　序文：専門家集団としての学会の性格と会員が学会，専門職，社会，自分自身に対しての責任
　A章：総論（専門家としてのカウンセラーの責務などについて11

項目）
B章：カウンセリング関係（個別およびグループ・カウンセリング関係の実践とその手続きに関する20項目）
C章：測定と評価（心理テストに関する15項目）
D章：リサーチおよび公表・出版（アメリカ心理学会の「人間参加のリサーチ」に関する倫理原則を土台とした15項目）
E章：コンサルテーション（コンサルテーションの概念規定と会員がコンサルテーションを行うことに関する6項目）
F章：個人開業（会員が個人開業することに関する8項目）
G章：雇用管理（大半の会員は公的機関あるいは半官半民の機関に雇用されていることを配慮して，雇用者として雇用主との関係に関する11項目）
H章：養成・教育（カウンセラー教育に関する14項目）

　ちなみに，10年前に改訂された倫理綱領は序文と7つの章という構成となっており，「コンサルテーション」と「個人開業」に関する条文が1つにまとめられていた。このことは1970年代末になって始めて個人開業するカウンセラーが出現しだしたことを反映しているといえよう。

　さて，1995年に改訂された最新版はどうなっているであろうか。最新版も序文と8つの章，50条，167項目という構成である点で大枠はその前のものと同じであるが，各章がさらに複数の条と項に分けられており，内容も一段と詳細・具体化している。構成は以下の通りである。
序文（1988年の序文とほぼ同じ）
A章：カウンセリング関係
　第1条　クライエントのウェルフェア（aカウンセラーの最優先する責任；b積極的な成長と発達；cカウンセリングの計画

作り；d家族への関与；e就職支援)
第2条 多様性の尊重 (a差別しないこと；b違いの尊重)
第3条 クライエントの権利 (a情報開示；b選択の自由；c承諾を得るのが不可能な場合)
第4条 他の専門家の援助を受ける場合
第5条 カウンセラー個人の欲求および価値観 (a個人的欲求；b個人的価値観)
第6条 二重の関係 (a可能な限り回避；b上司／部下の関係)
第7条 クライエントとの性的親密さ (a過去のクライエントについて；b現在のクライエントについて)
第8条 関係のある複数のクライエント
第9条 グループワーク (aスクリーニング；bクライエントの保護)
第10条 料金および金品の授受 (a開始前の説明；b料金の設定；c物品授受の辞退；d公的サービスへの参加)
第11条 終結とリファ (a放置の禁止；b能力不足の場合の対応；c適切な終結)
第12条 コンピュータ・テクノロジィ (aコンピュータの使用にあたって；b限界の説明；cアクセスの公平性)

B章：秘密保持

第1条 プライバシィの権利 (aプライバシィの尊重；b権利の放棄；c例外；d伝染性の致命的疾病；e法廷の開示請求に対して；f最少限度の公開；g限界の説明；h部下への注意；i治療チームについての説明)
第2条 グループおよび家族 (aグループワークの場合；b家族カウンセリングの場合)
第3条 未成年または能力に欠陥をもつクライエント
第4条 記録 (a記録を採る必要性；b記録の秘密保持；c録音,

録画，観察の許可；d クライエントへの開示；e 第三者への開示，複写）

第5条　リサーチおよび訓練（a データの改変の必要性；b クライエント名開示の場合の合意）

第6条　コンサルテーション（a プライバシィの尊重；b 信頼できる機関との連携）

C章：専門家としての責任

第1条　倫理綱領の熟知

第2条　専門家としての能力（a 教育的背景の範囲にとどまる；b 新たな専門分野での実践；c 教育的背景内での就職；d 実践に対する評価；e 倫理問題に関するコンサルテーション；f 継続教育）

第3条　宣伝とクライエントの勧誘（a 公正な宣伝；b 推薦状の利用；c 他人の言葉の引用；d 職場を使った勧誘；e 関連の商品開発や研修会参加の勧誘；f 学会への関与）

第4条　資格（a 資格の公表；b ACA会員の地位；c 資格の指針；d 所有する資格内容についての虚偽の陳述；e 他分野で取得した博士号について）

第5条　公的責任（a 差別しない；b セクシュアル・ハラスメント；c 第三者機関への報告；d マスメディアでの行動；e 不正な地位利用による利益）

第6条　他の専門家に対する責任（a 異なったアプローチ；b 公的な場での私的な意見陳述；c 他の専門家の援助を受けているクライエント）

D章：他の専門職との関係

第1条　雇用主および雇用者との関係（a 役割りの明示；b 雇用契約；c 問題をはらむ条件；d 自己評価の報告；e 業間訓練の機会確保；f 目標の明示；g 最高水準の実践；h 雇用管理（採

用配置など）；i差別的行為；j専門家としての行為；k搾取的関係；l専門家としての目標と雇用主の方針との関連付け）
第2条　コンサルテーション（aコンサルテーションする自由；bコンサルタントとしての能力保有；cクライエントについての把握；dコンサルテーション関係の目標）
第3条　紹介料（a職場から紹介されたクライエントの場合；b他の専門家からのクライエントの場合）
第4条　第三者機関との下請け契約

E章：評定，評価，解釈
第1条　総論（a評価技法とは；bクライエントの福祉）
第2条　心理テストの使用，解釈の能力（a能力の限界；b適切な使用；c結果に基づいて決定する時；d正確な情報）
第3条　インフォームド・コンセント（aクライエントへの説明；b正確，適切な解釈）
第4条　有資格専門家への情報提供（a結果の誤用；b素データの公表）
第5条　精神障害に関する適切な診断（a適切な診断；b文化に対する感受性）
第6条　心理テストの選択（a測度の適切性；b被検者の文化的背景への配慮）
第7条　心理テスト実施の条件（a実施条件の統制；bコンピュータなどの機器による実施；c自己実施の条件；d最善の結果が得られる条件での実施）
第8条　心理テスト実施・解釈に影響を与える多様な要因
第9条　採点と解釈（a制約の報告；b測度に関するリサーチ結果；c検査の採点，解釈へのサービス）
第10条　測定の安全性確保
第11条　古びた心理テストと時代遅れのテスト結果

第12条　心理テスト構成についての知識

F章：教授，訓練，スーパービジョン

第1条　カウンセラー教育・訓練（a教師・実践家としての教育者；b学生・スーパーバイジィ関係のもつ限界；c性的関係；d研究への努力を評価；e親戚を学生・スーパーバイジィにしない；fスーパーバイザーとしての準備；gスーパーバイジィのクライエントへの責任；h客観的評価と承認への責任）

第2条　カウンセラー教育・訓練プログラム（aオリエンテーションの内容；b知的学習と実習の統合；c評価方法の明示；d倫理的責任；e学生同士の関係；f多様な理論的立場；g現場実習；hスーパーバイザーとしての二重関係；i多様性をもつプログラム）

第3条　学生およびスーパーバイジィ（a選抜・進級・除籍；b自己成長促進の諸経験；c学生・スーパーバイジィのカウンセリング；d学生・スーパーバイジィのクライエント；e倫理綱領の適応）

G章：リサーチと公表・出版

第1条　リサーチに関する責務（a人間を対象とする場合；b標準的実践から乖離する場合；c対象者の損害回避への予防策；d筆頭者の責任；eリサーチ参加に伴う対象者への諸影響の最少限化；f母集団の多様性）

第2条　インフォームド・コンセント（a開示する事項；b仕掛け・サクラの使用；c任意の参加；d情報の守秘；eインフォームド・コンセントが不可能な人；f参加者への誓約；gデータ収集後の説明；h共同研究者となる場合の義務；hスポンサーなどへのインフォームド・コンセント）

第3条　結果の報告（a結果に影響する全情報；b綿密な事実の報告；c不都合な結果の報告する義務；d対象者の明示；e追

研究への義務）
　第4条　公表・出版（a他研究の権利保護；b寄与者の明示；c学生の研究の出版；d再掲載；e査読における守秘）
H章：倫理問題の解決
　第1条　倫理綱領の熟知
　第2条　違反の疑い（a専門家に期待される倫理的行動；bコンサルテーション；c雇用主との間の葛藤；d非公式的な解決；e違反の疑いについて関係機関に報告；f確証のない告訴への関与）
　第3条　倫理委員会との協力

　1995年版の綱領はそれ以前のものと比較すると，全体的に非常に具体的な内容となっている。さらにいくつかの特徴も指摘できる。まず第一は1988年版のときには学会として意見が分かれていたいくつかの課題に関して統一的見解を出せたことである。たとえば，「カウンセリング関係（A章）」のなかの「二重の関係」（第6条）「クライエントとの性的親密さ」（第7条），「関係のある複数のクライエント」（第8条）が現実に即し，かつ非常に具体的に規定されたことである。
　つぎに，新たに加えられた条項からカウンセラーを取り巻く環境の変化を垣間見ることができる。たとえば，「コンピュータ・テクノロジィ使用に関する」条文（Aの12）が加えられたことや，F章で示されたように，カウンセラーが，同時に教授，スーパーバイザー，コンサルタントなど多様な機能を果たすようになった現状と，それに伴って，クライエントや学生との倫理的問題も複雑になってきたこと，また，「雇用主および雇用者との関係」に関する条文（Dの1）のように，カウンセラーが雇用主としてまた雇用者として直面する課題も増加していることが示されている。また，日本でもよくコン

サルタントとしての機能が重視されだしたが，カウンセラーがコンサルタントとして働く場合の行動規範は明確ではなく，困惑する人も増えている。本綱領の複数の章で「コンサルタント」としての行動規範が示されているのは参考になると思う。

　本綱領を通して感じることは，カウンセラーには自己認識能力，自己決定力，つまり「自分は今何のために何をしているのか」を認識し，「自分がしてはいけないことは何か」を自覚し，「できてもしない」意思力がますます強く求められているということである。たとえば，「コンサルタントとして始まったクライエントとの関係のなかでカウンセリングの必要性が起きた場合には，他のカウンセラーにカウンセリングを依頼すべきである」という規範は非常に象徴的である。筆者は，かつて「生徒のことで相談（コンサルテーション）にきた教師が，実は自分の問題を話し出し，教師自身の問題を解決することが先であることをカウンセラーも教師も気付いた場合，カウンセラーはその場でカウンセリングを行うことが，教師を援助することになる」という説明を受けたことがある。しかしアメリカの綱領では，「コンサルテーション関係で始まった関係であることをカウンセラーも相談にきた教師も認識する」。その上で，真にカウンセリングが必要であれば，「カウンセリングは他のカウンセラーに依頼することが望ましい」が，もし適切なカウンセラーがいない場合には「一応コンサルテーション関係は終了し，その上で，カウンセリング関係に入ることを互いに確認し直す」ことがカウンセラーの倫理的行為なのである。筆者にとっては後者の説明のほうが納得いく。このような行為をとるためにはカウンセラー自身に意思決定を求め，クライエントにも自己認識を問えるからである。日本ではとかく，カウンセラーは，「暖かいカウンセリング関係」という言葉のもとで，カウンセラーはクライエントが嫌がることを言わない行わないと思い違いし，カウンセラー自身自己決定，自己決断を避ける傾向

がある。その結果，クライエントの自己決定力，自己責任力を弱体化させ，クライエントを依存させる結果となる。

　カウンセラーはクライエントが「今何をすべきか，何をすべきでないか」認識できるように援助する必要はあるが，クライエントに代わって意思決定することはできないはずである。「クライエントを援助する」とは，単にクライエントの問題解決だけをさすのではない。カウンセラーの行為がすべて，クライエントの成長を促進する方向を目指していることを意味するのである。

　「できても，やるべきでないことはしない」のは「やるべきことをする」のと同じくらい勇気の必要なことである。プロフェッショナルとは，「専門的なことができるだけではない」。「できても，自分がやるべきでないこと，やるべきでないときには，やらない」という意思決定ができる人ではないだろうか。

　カウンセラー教育においても倫理の学習を重視しだしたが，倫理は禁止事項を示すことでも，他者からの批判への対応策でもない。倫理とは，その専門職の真髄の実現のための手段なのではないだろうか。

文　　献

第1章

American Counseling Association 1995 *American Counseling Association code of ethics and standards of practice.* Alxandria, VI: American Counseling Association.

American Psychological Association 1981 Specialty guidelines for the delivery of services. *American Psychologist,* **36**, 16-17.

American Psychological Association, The Education and Training Committee of Division 17. 1984 *What is a counseling psychologist.*

British Association for Counselling 1989 *Invitation to membership* (Form no.1) Rugby: British Association for Counselling.

Clarkson, P. 1998 Counselling psychology: The next decade. In P. Clarkson (Ed.), *Counselling psychology: Integrating theory, research and supervised practice.* London: Routledge. pp. 1-18.

Herr, L. E., and Cramer, S. 1988 *Career Guidance and Counseling Through the Life Span: Systematic Approaches* (3rd ed.) Glenview, IL.: Scott Foresman.

国分康孝　1986　カウンセリング・マインド　教育心理, 10号　854-856.

文部省(編)　1981　生徒指導の手引き (改訂版)　大蔵省印刷局

文部省(編)　1971　中学校におけるカウンセリングの考え　大蔵省印刷局

日本カウンセリング学会理事会　1997　日本カウンセリング学会の特質と役割り—創立30周年に寄せて—　日本カウンセリング学会事務局

小川捷之　1995　カウンセラーと臨床心理士　日本カウンセリング学会第28大会論文集

Orlans, V. 1996 Counselling psychology in the workplace. In R. Woolfs and W. Dryden (Eds.), *Hankbook of counselling psychology.* London: Sage. pp. 485-504

パターソン, C. H.・小林純一(訳)　1970　カウンセリングとサイコセラピィ (上巻)　岩崎学術出版社 (Patterson, C. H. 1966 *Theories of Counseling and Psychotherapy.* New York: Harper & Row.)

ロジャーズ, C. 1965　人間相互関係：ガイダンスの真髄　モーシァー, R. 他 (編)　小林純一(訳)　現代カウンセリング論　岩崎学術出版社　pp.66-91. (Mosher R. et al. (Eds.), 1965 *Guidance: An Examination.* New York: Harcourt, Brace & World.)

Super, D. E. 1951 Transition: From vocational guidance to counseling psychology. *Journal of Counseling Psychology,* **2**, 3-9.

渡辺三枝子　1991　カウンセリング・マインドとは　臨床看護, **17**(4), 553-558.

第2章

オールポート, G. W. 1966 カウンセリングのための心理学的人間像 モーシャー, R. 他(編) 小林純一(訳) 現代カウンセリング論 岩崎学術出版社 pp.15-33. (Mosher, R. et al. (Eds.), 1965 *Guidance: An Examination.* New York: Harcourt, Brace & World.)

Borow, H. 1974 Career guidance in America: Heritage and promise. In *The 1974 Yearbook of the American Vocational Association.* pp.147-156.

Bradley, M. K. 1978 Counseling past and present: Is there a future? *Personnel & Guidance Journal,* **57**, 42-45.

Brown, S. D., and Lent, R. W. 2000 *Handbook of counselling psychology* (3rd ed.) New York: John Wiley.

Ciulla, J. B. 2000 *The working life: The promise and betrayal of modern work.* New York: Three Rivers Press.

Cottle, W. C. 1967 Message from the President. *Counseling News and View,* **19** (1), 1-4.

Fitzgerald, L. F., and Osipow, S. H. 1986 An occupational analysis of counseling psychology. *American Psychologist,* **41** (5), 535-544.

Goodwin, C. J. 1999 *A history of modern psychology.* NewYork: John Wiley.

Heppner, P. P., Berry, T. R. et al. 1994 Using oral history readings in teaching the history of counseling. *Counselor Education & Supervision,* **34**, 68-75.

Herr, L. E., and Cramer, S. 1988 *Career Guidance and Counseling Through the Life Span: Systematic Approaches* (3rd ed.) Glenview, IL: Scott Foresman.

Katz, M. 1973 The name and nature of vocational guidance. In H. Borow (Ed.), *Career Guidance for a New Age.* Boston, MA: Houghton Mifflin. pp.83-133, p.93.

Parsons, F. 1909 *Choosing a Vocation.* Boston, MA: Houghton Mifflin.

Heppner, P. P., Casas, J. M., Carter J., and Stone, S. L. 2000 The maturation of counselling psychology: Multifaced perspective, 1978-1998. In S. D. Brown and R. W. Lent (Eds.), 2000 *Handbook of counselling psychology* (3rd ed.) New York: John Wiley, pp.3-49.

日本カウンセリング学会理事会 1997 日本カウンセリング学会の特質と役割り —創立30周年に寄せて— 日本カウンセリング学会事務局

Peterson, D. R. 1976 Need for the doctor of psychology degree in professional psychology. *American Psychologist,* **31**, 791-798.

Rogers, C. R. 1961 On *becoming a person; A Therapist's view of Psychotherapy.* Boston, MA: Houghton Mifflin.

沢田慶輔 1984 カウンセリング 創価大学 p.8.

Thompson, A. A. 1980 Counseling psychology in the year of 2000. *The Counseling Psychologist,* **8** (4), 21-22.

トフラー, A. 1982 第三の波 中央公論社
Tyler, L. 1969 *Work of the Counselor*. Boston, MA: Appleton Century Croft.
宇波 彰 1996 映像化する現代―ことばと映像の記号論 ジャストシステム社 pp.20-21.
Whitely, J. 1984 Counseling psychology: A Historic perspective. *The Counseling Psychologist*, **12**, 3-95.
Woody, R. H., Hansen, J. C., and Rossberg, R. H. 1989 *Counseling Psychology: Strategies and Services*. Pacific Grove, CA: Brooks/Cole.
レン, G. 小林純一(訳) 1965 変動する社会のカウンセラー エンデルレ書店 (Wrenn, G. 1962 *The Counselor in a Changing World*. Washington, D. C.: American Personnel & Guidance Association.)

第3章

American Psychological Association 1981 Specialty guidelines for the delivery of services by school psychologists. *American Psychologist*, **36**, 670-681.
American Psychological Association 1981 Specialty guidelines for the delivery of services. *American Psychologist*, **36**, 16-17.
Bakel, D. A. 1979 *Psychology and medicine: psychological dimensions of health and illness*. New York: Springer.
Bitter, J. A. 1979 *Introduction to Rehabilitation*. St. Louis, MO: The C. V. Mosby.
石隈利紀 1999 学校心理学 誠信書房
小林純一 1979 カウンセリング序説 金子書房 pp. 231-232.
Reynolds, C. R., Gutlin, T. B., Rlliot, S. N., and Witt, J. D. 1984 *School psychology: Essentials of theory and practice*. New York: Wiley.
Seden, J. 1999 *Counselling skills in social work practice*. Buckingham: Open University Press.
Super, D. E. 1951 Transition: From vocational guidance to counseling psychology. *Journal of Counseling Psychology*, **2**, 3-9.
Vane, J. R. 1985 School psychology: To be or not to be. *Journal of School Psychology*, **23**, 135-140.
渡辺三枝子 1994 心理療法（学校カウンセリングの基本問題） こころの科学, **58**, 20-21.
レン, G. 小林純一(訳) 1965 変動する社会のカウンセラー エンデルレ書店 (Wrenn, G. 1962 *The Counselor in a Changing world*. Washington, D. C.: American Personnel & Guidance Association.)

第4章

American Counseling Association 1995 *ACA Membership*. Alexandria, VA: ACA.

Brown, D. 1993 Training consultants: A call to action. *Journal of Counseling & Development*, **72**, 139-143.

Brown, D., Prywansky, W. P., and Schulte, A. 1991 *Psychological consultation: Introduction to theory and practice* (2nd ed.) Boston, MA: Allyn & Bacon.

Caplan, G. 1970 *The Theory and Practice of Mental Health Consultation*. New York: Basic Books, p.19.

Fretz, B. 1982 Perspective and definitions. *Counseling Psychologist*, **10**, 15-19.

Gallessich, J. 1985 Toward a meta-theory of consultation. *The Counseling Psychologist*, **13**, 336-354.

Idol, L., and Westr, J. F. 1987 Consultation in special education: Training and practice (Part II), *Journal of Special Education*, **20**, 474-497.

Kurpius, D. J., and Fuqua, D. R. 1993 Introduction to the special issues. *Journal of Counseling & Development*, **71**, 596-597.

神保信一・渡辺三枝子他 1991 学校カウンセラー研修プログラムの分析研究 明治学院大学心理学科報告書

神保信一・渡辺三枝子他 1992 学校カウンセラー研修プログラムの開発研究 明治学院大学心理学科報告書

Super, D. E. 1951 Transition: From vocational guidance to counseling psychology. *Journal of Counseling Psychology*, **2**, 5.

Woody, R. H., Hansen, J. C., and Rossberg, R. H. 1989 *Counseling psychology: Strategies and services*. Pacific Grove, CA: Brooks/Cole.

山本和郎 1986 コミュニティ心理学：地域臨床の理論と実践 東京大学出版会

Zins, J. E. 1993 Enhancing consultee problem-solving skills in consultative interactions. *Journal of Counseling & Development*, **72**, 185-190.

Zins, J. E., and Ponti, C. R. 1990 Strategies to facilitate the implementation, organization, and operation of system-wide consultation programs. *Journal of Educational and Psychological Consultation*, **1**, 205-218.

第5章

Dameron, J. D. 1980 *The professional counselor; Competencies, performances guidances, and assessment*. Falls Church, VA: American Personnel & Guidance Association.

アイビィ, A. 福原真知子他(訳編) 1985 マイクロカウンセリング 川島書店

Rogers, C. R. 1951 *Client centered therapy: New concepts in practice*. New York: Houghton Mifflin.

Rogers, C. R. 1975 Empathic: An unapreciated way of being. *The Counseling Psychologist*, **5**, 2-10.

ロジャーズ, C. R. 1965 人間相互関係：ガイダンスの真髄 モーシャー, R.

他(編) 小林純一(訳) 現代カウンセリング論 岩崎学術出版社 pp.66-92, p.72, 75. (Mosher, R. et al. (Eds.) 1965 *Guidance: An examination*. New York: Harcourt, Brace & World.)

Tyler, L. 1969 *Work of the Counselor*. Boston, MA: Appleton Century Croft. pp.67-68.

第6章

オールポート，G．W．1966 カウンセリングのための心理学的人間像 モーシァー，R．他(編) 小林純一(訳) 現代カウンセリング論 岩崎学術出版社 pp.15-32. (Mosher, R. et al. (Eds.) 1965 *Guidance: An Examination*. New York: Harcourt, Brace & World.)

Bezanson, M. L., Decoff, C. A., and Stewart, N. R. 1982 *Individual Counselling: A Systematic Approach*. Ottawa: Canada Employment & Immigration Commission.

Stewart, N. R. et al. 1978 *Systematic Counseling*. Englewood Cliffs, NJ: Prentice Hall.

宇波 彰 1995 記号論の思想 講談社 p.197.

第7章

American Counseling Association 1995 *ACA Membership*. Alexandria, VI: ACA

Ciulla, J. B. 2000 *The working life: The promise and betrayal of modern work*. New York: Three Rivers Press.

日本カウンセリング学会 1997 日本カウンセリング学会認定カウンセラー倫理綱領

日本産業カウンセラー協会1999 (社) 日本産業カウンセラー協会・産業カウンセラー倫理綱領

Kichener, K. S., and Anderson, S. K. 2000 Ethical issues in counseling psychology: Old themes-new problems. In S. D. Brown, and R. W. Lent (Eds.), *Handbook of counseling psycholoby* (3rd ed.) New York: John Wiley.

Woody, R. H., Hansen, J. C., and Rossberg, R. H. 1989 *Counselling psychology: Strategies and servicies*. Pacific Grove, CA: Brooks/Cole.

索　引

ア行
人名・団体名
アイヴィ（A. Ivey）　111, 112, 113, 115
アクィナス（Thomas Aquinas）　63
アドルノ（T. W. Adorno）　55
アメリカ・カウンセリング学会　14, 83, 84, 85, 118, 150
アメリカ心理学会　14, 16, 31, 40, 71, 72
イギリス・カウンセリング学会　10
イギリス心理学会　2
石隈利紀　72, 73
ウィリアムソン（E. G. Williamson）　36, 57
ウッディ（R. H. Woody）　36, 42, 87, 141, 145
宇波彰　54, 55, 140
エリス（A. Ellis）　9
小川捷之　5
オシパウ（S. H. Osipow）　47, 74
オーランズ（V. Orlans）　13
オールポート（G. W. Allport）　41, 42, 56, 137, 139

事項
アイデンティティ（自己同一性）社会　53
アカウンタビリティ　48
アメリカ・カウンセリング学会倫理綱領　150
医学的モデル　36
生き方の指導　34

カ行
人名
カウリィ（W. H. Cowley）　36
カークハフ（R. Carkhaff）　100
カッツ（M. Katz）　51, 52, 55, 56
カプラン（G. Caplan）　89, 90
キウラ（J. B. Ciulla）　27, 143, 145, 146
キチェナー（K. S. Kichener）　146
キャッテル（J. M. Cattell）　34
グッドウィン（C. J. Goodwin）　24, 25
クラークソン（P. Clarkson）　13, 14
クレイマー（S. Cramer）　8, 53
国分康孝　21
コトル（W. Cottle）　43
小林純一　63

事項
ガイダンス運動　32
介入（個人およびグループ）　79
開放的質問　108
カウンセラー　6, 68
カウンセラー教育プログラム　48
カウンセラーとしてのアイデンティティ　25, 45
カウンセラーのための倫理綱領　114, 147
カウンセラーの倫理　141

カウンセリング　5, 7, 68
　——心理学　12, 13, 43
　——心理学部会　40
　——とガイダンス部会　31, 40
　——の終結　132
　——の定義　8
　——・マインド　21
科学者−実践家モデル　51
かかわり行動　111, 112
学校カウンセラー　41
学校心理学　72
感情の反映　112
間接的介入行動　91
基本的かかわり技法　111
キャリア・ガイダンス　52
共感　103
吟味と依託　138, 139
クライエント中心カウンセリング
　22, 42, 65
グループ・カウンセリング　79
グレイストン会議　49
傾聴　109
ケースの終了　133
言語的コミュニケーション　107
行動カウンセリング　125
コーチング　51
国家防衛教育法　41
コンサルタント　81
コンサルテーション　88, 91, 92

サ行
人名
沢田慶輔　32
シェリフ（M. Sherif）　56
シモン（T. Simon）　35
ジンズ（J. Zins）　89, 90
神保信一　88
スーパー（D. E. Super）
　17, 38, 66, 67, 69, 70, 81, 82

セダン（J. Seden）　75
ソーンダイク（E. L. Thorndike）
　57

事項
産業カウンセラー部会　85
産業革命　26
自己一致　104
指示的カウンセリング　36
システマティック・アプローチ
　128, 129
システマティック・カウンセリング
　129
システム・オーガナイザー　81
社会改革運動家　32
守秘義務　148
受容　99
ジョージア会議　49
職業カウンセリング　32
職業選択モデル　33
職業の選択　33
心理測定運動　32
心理治療　5
心理テスト　35
心理療法　5, 68
スクールカウンセラー　2
誠実な態度　104
精神衛生運動　32
折衷主義　93
専門職と倫理　145
専門的コンサルテーション　79
相談　3, 18
相談心理学　3
ソーシャルワーカー　75

タ行
人名
タイラー（L. Tyler）　28, 30, 52, 96, 98, 99

ダーレィ（J. G. Darley）　57
トフラー（A. Toffler）　53, 54
トンプソン（A. A. Thompson）　47

事項
治療的雰囲気　96
沈黙　108

ナ行
団体名
日本カウンセリング学会　11, 147

事項
日本カウンセリング学会認定カウンセラー倫理綱領　147
日本産業カウンセラー協会・産業カウンセラー倫理綱領　147
人間関係作り　6
人間相互関係の質　95
ノースウェスタン会議　49

ハ行
人名
ハー（E. L. Herr）　8, 53
パーソンズ（F. Parsons）　33, 36
パターソン（C. H. Patterson）　9
バッカル（D. A. Bakal）　66
ビッター（J. A. Bitter）　61
ビネー（A. Binet）　35
フィッツジェラルド（L. F. Fitzgerald）　47
ブラウン（D. Brown）　90, 91, 92
ブラッドリィ（M. K. Bradley）　58
フレッツ（B. Fretz）　78
フロイト（A. Freud）　56
フロイト（S. Freud）　35
プロクター（W. M. Prator）　57
ベイン（J. R. Vane）　74
ペーターソン（P. Peterson）　51

ベネフィールド（W. Benefield）　57
ヘプナー（P. P. Heppner）　24, 49, 50
ヘーベル（E. A. Hebel）　55
ボエチウス（Boethius）　63
ホール（G. S. Hall）　35
ボロウ（H. Borow）　30
ホワイトリィ（J. Whitely）　31, 32, 38, 40, 46, 47, 48, 49
ポンティ（C. Ponti）　89

事項
非指示的カウンセリング　42
非所有的温かさ　100
ヒューマン・サービス心理学　47
プライマリー・ケア　90
プログラム開発　79
ペルソナ　63

マ行
人名
マレー（H. A. Murray）　56
モーシャー（R. Mosher）　95, 100, 102
事項
マイクロ・カウンセリング　111
マイクロ・スキル　111
マッチングモデル　36
未来の衝撃　54
無条件の積極的関心　100
明確化　112
メンタリング　51
メンタルテスト　34

ヤ・ラ・ワ行
人名
山本和郎　80, 81
ラカン（J. Lacan）　140
レイノルズ（C. R. Reynolds）　74

レン（G. Wrenn）　56, 57, 60
ロジャーズ（C. Rogers）　22, 36, 37, 39, 57, 65, 67, 95, 96, 98, 99, 100, 101, 102, 103, 105, 109, 117, 124
渡辺三枝子　22, 68

事項
要約　109
理解的態度　101

リハビリテーション・カウンセリング　41, 61
リハビリテーション活動　61
臨床児童心理学　74
臨床心理学　68
臨床心理学者　68
臨床心理士　6, 68
倫理綱領　145, 147

執筆者紹介

渡辺三枝子（わたなべ・みえこ）
最終学歴：米国ペンシルバニア州立大学大学院博士課程
　　　　　カウンセリング心理学・カウンセラー教育専攻
　　　　　哲学博士号（Ph.D.）取得
現　　職：筑波大学名誉教授
最近の主な著書：カウンセリング心理学（ナカニシヤ出版）
　　　　　　　　最新カウンセリング入門（共編　ナカニシヤ出版）
　　　　　　　　学校に生かすカウンセリング（編著　ナカニシヤ出版）
　　　　　　　　コミュニケーション読本（共著　雇用問題研究会）
　　　　　　　　キャリアカウンセリング入門（共著　ナカニシヤ出版）
　　　　　　　　キャリアカウンセリング再考（編者　ナカニシヤ出版）その他

新版カウンセリング心理学
カウンセラーの専門性と責任性

2002年 4月20日	初版第 1 刷発行	定価はカヴァーに表示してあります
2024年 6月30日	初版第16刷発行	

　　　　　　　　著　者　渡辺三枝子
　　　　　　　　出版者　中西　　良
　　　　　　　　出版社　株式会社ナカニシヤ出版
　　　　　　　　京都市左京区一乗寺木ノ本町15番地（〒606-8161）
　　　　　　　　Telephone　075-723-0111
　　　　　　　　Facsimile　075-723-0095
　　　　　　　　URL　http://www.nakanishiya.co.jp/
　　　　　　　　Email　iihon-ippai@nakanishiya.co.jp
　　　　　　　　郵便振替　01030-0-13128

印刷・㈱吉川印刷工業所／製本・新日本製本／装丁・白沢　正
ISBN978-4-88848-712-2 C3011

Printed in Japan

Copyright © 2002 by Mieko Watanabe

　　　◎本書のコピー，スキャン，デジタル化等の無断複製は著作権法上での例外を除き禁じられています。本書を代行業者等の第三者に依頼してスキャンやデジタル化することは，たとえ個人や家庭内での利用であっても著作権法上認められておりません。